cyflwyniad i

Ymdopi â Galar

2il Argraffiad

Sue Morris

Cyhoeddwyd yr argraffiad hwn ym Mhrydain yn 2017
gan Robinson, un o isgwmnïau
Little, Brown Book Group, Carmelite House
50 Victoria Embankment, Llundain EC4Y 0DZ

Cwmni Hachette UK
www.hachette.co.uk
www.littlebrown.co.uk
www.overcoming.co.uk

Dymuna'r cyhoeddwyr gydnabod cymorth ariannol
Cyngor Llyfrau Cymru

Mae cofnod catalog CIP ar gyfer
y llyfr hwn ar gael o'r Llyfrgell Brydeinig.

Nodyn pwysig
Ni fwriedir i'r llyfr hwn gymryd lle cyngor neu driniaeth feddygol. Dylai
unrhyw un sydd â chyflwr sy'n gofyn am sylw meddygol ymgynghori ag
ymarferydd meddygol cymwys neu therapydd addas.

ISBN: 978 1 78461 778 3

Cyhoeddwyd a rhwymwyd gan
Y Lolfa Cyf., Talybont, Ceredigion SY24 5HE
gwefan www.ylolfa.com
e-bost ylolfa@ylolfa.com
ffôn 01970 832 304
ffacs 832 782

Cynnwys

Bwriad y llyfr hwn

Bydd y rhan fwyaf ohonom yn profi galar rywbryd yn ystod ein bywyd. Bydd ein hymateb iddo pan fydd rhywun rydym yn ei garu yn marw yn wahanol i bob un ohonom, oherwydd bod galar yn unigryw. Does dim ffordd gywir neu anghywir i alaru. Un o'r pethau anoddaf i bobl sy'n galaru yw penderfynu beth sy'n rhaid iddyn nhw ei wneud i helpu eu hunain ar adeg pan maen nhw'n teimlo'n hynod fregus ac unig.

Efallai eich bod yn darllen y llyfr hwn oherwydd eich bod wedi colli rhywun arbennig iawn yn eich bywyd – eich partner efallai, plentyn, rhiant, brawd neu chwaer neu ffrind agos. Er eich bod yn gwybod nad oes dim all neb ei wneud i ddod ag e'n ôl, gallwch ddechrau gwneud pethau a fydd yn eich helpu i deimlo bod gennych ychydig mwy o reolaeth dros eich galar. Bydd y llyfr hwn, sydd wedi'i rannu'n ddwy, yn dangos i chi sut i wneud hyn. Mae Rhan 1 yn disgrifio natur galar a'r hyn rydych chi, o bosib, yn ei brofi. Mae Rhan 2 yn disgrifio nifer o strategaethau neu adnoddau y gallwch eu defnyddio i reoli eich bywyd unwaith eto, gan ddysgu sut i gynnal cysylltiad â'r un roeddech yn ei garu.

Wrth ddarllen, cewch wybodaeth am alar a beth i'w ddisgwyl, yn ogystal â nifer o ymarferion gwahanol i'ch helpu i addasu i farwolaeth eich anwylyd a'r newidiadau sydd o'ch blaen. Rydym yn eich annog i ddarllen y llyfr o glawr i glawr ac yna mynd yn ôl at y rhannau sydd fwyaf perthnasol i chi. Hefyd, mae ysgrifennu eich atebion yn y bylchau sydd wedi'u darparu yn syniad da; drwy wneud hyn, fe fydd gennych gofnod o'ch gwaith a byddwch yn gallu cadw golwg ar eich datblygiad.

Cynlluniwyd y llyfr hwn i chi ei ddefnyddio ar eich pen eich hun. Serch hynny, os byddwch yn teimlo wedi'ch llethu ac yn meddwl eich bod yn gwaethygu, siaradwch â'ch meddyg teulu ynglŷn ag opsiynau eraill posib, yn enwedig gan fod galar yn tueddu i fod yn llawer mwy o straen nag y mae'r rhan fwyaf o bobl yn ei feddwl. Gall cynghori gan arbenigwr cymwysedig neu fynychu grŵp cymorth fod yn fuddiol iawn. Serch hynny, mae'n bwysig cofio nad oes gwellhad gwyrthiol. Gwaetha'r modd, does dim modd brysio galar, oherwydd bod tuedd ganddo i fod â'i fywyd ei hun. Mae'n bwysig bod yn amyneddgar â chi'ch hun gan fod delio â galar yn gallu bod yn flinedig ac yn llethol.

Cofion cynnes,

Sue Morris

Rhan 1: GALAR

1

Beth yw galar?

Gallwn ddisgrifio galar fel yr ymateb emosiynol a chorfforol dwys mae pobl yn ei brofi ar ôl marwolaeth anwylyd. Mae dyhead neu hiraeth angerddol i fod gyda hwnnw neu honno unwaith eto yn nodweddu galar, yn ogystal â thristwch dwfn. Er bod galar yn gallu bod yn hynod o boenus, mae'n ymateb normal i golled, a gydag amser mae'r rhan fwyaf o bobl yn dysgu addasu i fywyd heb eu hanwylyd. Y diffiniad* o alar yn nhermau seicoleg yw'r ing sy'n cael ei brofi yn dilyn colled sylweddol, gan amlaf marwolaeth rhywun annwyl, a dyna yw canolbwynt y llyfr hwn. Fodd bynnag, gall pobl brofi galar sy'n gysylltiedig â cholledion eraill, fel ysgaru, ymddeol neu gael diagnosis o afiechyd difrifol.

---

* Diffiniad *APA Dictionary of Psychology* gan G. R. VandenBos (gol.), cyhoeddwyd gan yr American Psychological Association (2007).

Ymatebion emosiynol a chorfforol

Credir mai marwolaeth anwylyd yw achos mwyaf nerthol straen mewn bywyd bob dydd. Pan fydd rhywun rydych chi'n ei garu yn marw, mae'ch bywyd yn newid am byth o'r foment rydych yn clywed am ei farwolaeth. Yn ystod yr wythnosau a'r misoedd cyntaf, byddwch yn debyg o brofi ymatebion emosiynol a chorfforol dwys hyd yn oed os oedd y farwolaeth i'w disgwyl. Weithiau, efallai y byddwch yn meddwl eich bod yn mynd yn wallgof neu'n hollol ddideimlad. Os ydych wedi colli rhywun yn ddiweddar rydych chi'n ei garu, rydych yn debygol o fod wedi profi un neu ragor o'r adweithiau canlynol:

Rhai ymatebion corfforol cyffredin

- crio
- teimlo fel cyfogi
- teimlo'n hollol ddideimlad
- pennau tost/cur pen
- tyndra yn y cyhyrau
- eich calon yn curo'n gyflym
- anhawster cysgu
- dim chwant bwyd
- ofn
- panig
- poen bol

- teimlo wedi cynhyrfu neu'n aflonydd
- poenau a gwynegon

Rhai ymatebion emosiynol cyffredin

- dyheu neu hiraethu
- tristwch dwys
- sioc
- anghrediniaeth
- anobaith
- pryder
- euogrwydd
- dicter
- gwacter
- heddwch
- gollyngdod
- dryswch

Er y gall y teimladau hyn achosi gryn wewyr meddwl ac y byddwch yn dymuno iddyn nhw ddod i ben, mae'n bwysig eich bod yn eich atgoffa'ch hun fod galar yn ymateb normal pan fydd rhywun rydych chi'n ei garu wedi marw, a gydag amser, y bydd y teimladau hyn yn cilio.

Mae galar yn gymhleth

Mae galar yn llawer mwy cymhleth nag y mae'r rhan fwyaf o bobl yn ei ddisgwyl oherwydd mae iddo dair elfen bwysig mae angen mynd i'r afael â nhw: colled, newid a rheolaeth.

Colled

Pan fydd rhywun yn marw, yn naturiol, rydym yn canolbwyntio ar 'yr un' sydd wedi marw. Ond gydag unrhyw farwolaeth, rydych yn colli cymaint o bethau eraill. Wrth golli hwn, efallai y byddwch hefyd yn colli'ch ffrind gorau, eich cymar, eich cariad, eich cyfrifydd neu'r un y buoch chi'n dibynnu'n bennaf arno am gymorth. Os ydych wedi colli rhywun oedd wedi bod yn sâl am amser hir a chithau'n brif ofalwr, byddwch hefyd yn colli'r cysylltiad oedd gennych â'r gweithwyr iechyd proffesiynol oedd yn ymwneud â'i driniaeth a'ch trefn ddyddiol.

Mae gallu adnabod yr hyn rydych chi wedi'i golli yn gam cyntaf pwysig oherwydd ei fod yn gysylltiedig â chymhlethdod eich galar. Yn ogystal â galaru am golli rhywun, rydych hefyd yn galaru am y bywyd oedd gennych chi gyda'r person hwnnw a'ch gobeithion a'ch breuddwydion am y dyfodol. Er y gall galaru fod yn boenus iawn ar adegau, mewn gwirionedd mae'n llesol oherwydd mae'n rhoi amser a chyfle i chi addasu i fywyd heb eich anwylyd.

Newid

Rydych yn debygol o brofi nifer o fathau gwahanol o golledion, gyda hyd a lled y newid yn sgil y colledion hynny yn amrywio. Bydd i ba raddau mae'ch bywyd yn newid ar ôl y farwolaeth yn aml yn dibynnu ar y graddau roedd eich bywydau'n gorgyffwrdd, yn emosiynol yn ogystal ag yn gorfforol. Mae llwyddo i addasu i'r newidiadau niferus hyn yn gofyn am amser ac egni oherwydd ei fod yn golygu eich bod yn gorfod rhoi cynnig ar bethau newydd. Efallai y byddwch yn ei chael hi'n anodd meddwl yn glir a chanolbwyntio, a dyna pam mae'n rhaid i chi fod yn amyneddgar â chi'ch hun a'i chymryd hi'n araf deg. Er hynny, os ydych chi'n meddwl am eich lladd eich hun neu am beidio â bod yma rhagor, gofynnwch am help ar unwaith gan eich meddyg teulu neu'ch ysbyty, neu gan linell argyfwng leol fel y Samariaid.

Gair o gyngor

Byddwch yn amyneddgar – atgoffwch eich hun fod galar yn cynnwys colled a newid, sy'n golygu dysgu o'r newydd a chyfnod o addasu.

Stori Cadi

'Bu farw fy ngŵr Hywel chwe wythnos yn ôl. Roedd wedi cael diagnosis yn ystod yr haf o ganser y coluddyn. I ddechrau, roedd y meddygon yn obeithiol ynglŷn â'i driniaeth a wnaethon ni erioed feddwl na fyddai'n gwella. A dweud y gwir, wnaethon ni erioed sôn amdano'n marw, er bod hynny erbyn hyn yn swnio'n rhyfedd. Dwi wir yn difaru na wnaethon ni drafod y peth gan y byddai wedi gallu dweud wrtha i beth i'w wneud. Dwi'n poeni a fydd yn rhaid i fi symud, ac yn meddwl sut dwi'n mynd i ddod i ben yn ariannol. Mae gennym ni dŷ roedd Hywel wrthi'n ei adnewyddu, a nawr mae popeth fel petai'n mynd o le ynddo. Dwi wedi mynd yn ôl i 'ngwaith ond dwi ddim yn gwybod sut dwi'n mynd i dalu'r holl filiau. Dwi'n siŵr bod fy ffrindiau'n dechrau cael llond bol arna i erbyn hyn ond dwi'n teimlo mor ofnadwy o unig. Dwi'n ei golli gymaint. Byddai'n dda gen i petai heb fy ngadael i yn y fath smonach. Dwi ddim yn gwybod beth dwi'n mynd i'w wneud nac i ba gyfeiriad mae 'mywyd i'n mynd.'

Rheolaeth

Mae rheolaeth yn agwedd bwysig arall ar alar. Pan fydd rhywun rydych chi'n ei garu'n marw, does fawr ddim rheolaeth gennych chi, os rheolaeth o gwbl, dros amgylchiadau ei farwolaeth. Mae'n bosib y byddwch yn teimlo wedi'ch llethu gan eich galar a hwnnw fel petai'n eich llwyr reoli. Efallai y byddwch yn meddwl sut rydych chi'n mynd i wneud popeth, neu'n gofyn i chi'ch hun a fyddwch chi byth eto'n teimlo fel roeddech chi o'r blaen. Rhan o ymdopi â galar yw dysgu sut mae dechrau rheoli eich galar yn hytrach na gadael iddo'ch llyncu'n llwyr. Cewch weld sut mae gwneud hyn yn Rhan 2.

'Pan fu farw fy merch fach bedwar mis oed o Syndrom Marwolaeth Sydyn Babanod, chwalodd fy mywyd yn deilchion. Dysgais yn gyflym iawn mai rhith yw'r gallu i reoli eich bywyd.'

Sienna, 33 oed

2

Beth i'w ddisgwyl wrth alaru

Os yw'ch galar yn newydd, efallai y byddwch yn profi rhai o'r canlynol:

- teimlo wedi'ch llethu
- anhawster canolbwyntio
- teimlo'n swrth neu'n flinedig
- eich pen yn teimlo'n niwlog
- teimlo'ch bod chi'n mynd yn wallgof neu'n colli'ch meddwl
- yn dyheu neu'n hiraethu am yr un sydd wedi marw
- heb awydd gwneud dim
- anhawster dysgu neu dderbyn gwybodaeth newydd
- anhawster penderfynu
- methu rheoli'ch emosiynau
- teimlo'n llai goddefgar o bobl eraill
- crio'n hawdd
- eisiau bod ar eich pen eich hun
- ddim am fod ar eich pen eich hun
- teimlo'n ofnus neu'n ofidus

- yn cael breuddwydion neu hunllefau am farwolaeth a marw
- breuddwydio am eich anwylyd
- yn hel meddyliau am farw fel y gallwch fod gyda'ch anwylyd.

Mae galar yn unigryw

Mae bron pawb sy'n galaru yn gofyn, 'Am faint fydda i'n teimlo fel hyn?' Gwaetha'r modd, pan fyddwch chi'n galaru mae'n amhosib dweud am faint fydd y poen yn para. Yn wir, does neb yn profi marwolaeth rhywun agos yr un fath. Bydd eich galar yn dibynnu ar sawl ffactor, yn cynnwys:

- eich personoliaeth
- eich ffordd o ddelio â phroblemau
- y math o berthynas oedd gennych chi â'r un a fu farw
- eich ffordd o feddwl am bethau sy'n digwydd i chi yn eich bywyd
- amgylchiadau'r farwolaeth.

Disgwyliadau

Bydd bod â syniad beth i'w ddisgwyl wrth alaru yn eich helpu i fynd trwy bob dydd ychydig yn well. Rydym yn byw mewn byd sydd ar ruthr ac yn cael ei yrru gan dechnoleg – byd â meddylfryd *fix it* neu *can do*. Rydym yn dymuno i bethau gael eu gwneud ar unwaith ac mae tuedd i ni fod braidd yn ddiamynedd â ni'n hunain ac eraill. Wrth anfon e-bost neu neges destun, rydym yn disgwyl ateb ar unwaith, neu pan fyddwn ni'n sâl ac yn mynd at y meddyg, rydym yn disgwyl y bydd y presgripsiwn yn gwneud i ni deimlo'n well. Gwaetha'r modd, dydy galar ddim yn dilyn y rheolau hyn. Nid yw'n dilyn amserlen a does dim modd ei frysio. Dydy galar ddim yn salwch, nac yn rhywbeth y gallwch 'ddod drosto' a 'dychwelyd i'ch cyflwr arferol' chwaith. Mae'n wahanol i bawb a bydd goleuni a thywyllwch ar hyd y daith.

Patrwm tonnog galar

Mae'n help meddwl am alar fel rhywbeth sy'n dod yn donnau, gyda dwyster ac amlder y tonnau'n lleihau gydag amser. Mae llawer o bobl yn dweud bod y tonnau o alar yn dod yn aml ac yn nerthol iawn yn fuan ar ôl marwolaeth eu hanwylyd. Ymhen amser, mae nerth y tonnau'n lleihau. I eraill, dydy tonnau galar ddim yn cyrraedd eu hanterth tan sawl mis ar ôl y farwolaeth, a phan fyddan nhw'n sylweddoli go iawn fod y sefyllfa'n real ac yn derfynol. Gall 'tonnau sbardun', sydd gan amlaf yn dod law yn llaw ag emosiynau dwys, ddigwydd unrhyw bryd ac yn aml maen nhw'n hollol annisgwyl. Maen nhw'n gallu cynnwys unrhyw beth, o weld rhywun sy'n edrych yn debyg i'r sawl sydd wedi marw i glywed cân ar y radio, neu gyd-daro â dyddiad arwyddocaol fel pen-blwydd neu ben-blwydd achlysur arbennig. Yr hyn sy'n tueddu i ddigwydd yw bod y tonnau sbardun yn cyrraedd eu hanterth

a'r patrwm tonnog yn parhau. Mae'n bwysig cofio
bod 'tonnau sbardun' yn normal ac nad ydyn nhw'n
arwydd eich bod yn gwaethygu.

Os ydych chi'n disgwyl i alar ddilyn patrwm tebyg
i donnau, fyddwch chi ddim yn synnu pan gewch
'ddiwrnod gwael' ar ôl credu eich bod yn ymdopi'n
eithaf da. Gydag amser bydd eich tonnau o alar yn
lleihau o ran dwyster ac yn digwydd yn llai aml, a
bydd hi'n dod yn haws. Bydd hi'n help i chi ddisgwyl
y byddwch yn cael cymysgedd o ddiwrnodau da a
gwael am y flwyddyn gyntaf, o leiaf, yn hytrach
na meddwl y byddwch 'yn dychwelyd i'ch cyflwr
arferol' o fewn misoedd. Wrth i'r flwyddyn gyntaf
fynd yn ei blaen, y gobaith yw y cewch chi fwy o
ddiwrnodau da na diwrnodau gwael, ac yn yr ail
flwyddyn, rhagor eto o ddiwrnodau da. Mae galaru
llesol yn golygu mynd trwy'r holl bethau cyntaf:
penblwyddi, gwyliau, dyddiadau arwyddocaol a'r
diwrnod sy'n nodi blwyddyn union ers marwolaeth
y person. Cofiwch nad oes gwellhad gwyrthiol i
alar – does dim ateb sydyn.

I rai, gall yr ail flwyddyn ymddangos yn anoddach
wrth i chi sylweddoli realiti'r golled. Gall hyn fod
yn wir i'r rhai a gollodd eu hanwylyd yn sydyn neu
'yn groes i'r drefn', fel yn achos marwolaeth plentyn
neu oedolyn ifanc oedd â bywyd o'u blaenau. Mewn
sefyllfaoedd fel hyn, mae'n normal i chi ddisgwyl
y bydd eich ton o alar yn dilyn llwybr gwahanol,
a dyna pam mae'n bwysig ceisio cymorth fel nad
ydych chi'n gwneud hyn ar eich pen eich hun.

Gair o gyngor

Cofiwch fod galar yn dilyn patrwm tebyg i donnau, a fydd yn wahanol i bawb.

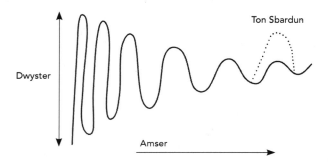

Stori Anna

'Bu farw fy mam yn sydyn pan oedd fy mabi cyntaf yn dri mis oed. Dwi ddim yn credu i effaith lawn ei marwolaeth fy nharo tan flwyddyn union ar ôl iddi farw. Tan hynny, er 'mod i'n drist ac yn gweld ei cholli'n fawr, roedd fy holl fywyd yn troi o gwmpas gofalu am fy merch fach. Roedd cynghori yn helpu i mi ddeall pam roeddwn i'n teimlo'n waeth flwyddyn yn ddiweddarach. Roedd meddwl am fy ngalar yn nhermau tonnau yn gwneud synnwyr i fi.'

Ymateb pobl eraill

Pan fyddwch yn galaru mae'n siŵr y byddwch yn cael llawer o gyngor gan ffrindiau a theulu sy'n llawn bwriadau da. Bydd peth o'r cyngor o help gwirioneddol a pheth, efallai, yn gwneud i chi deimlo'n waeth. Mae sylwadau di-fudd am alar yn tueddu i ddeillio o'r gred yn ein cymdeithas fod dangos emosiwn cryf fel tristwch yn arwydd o wendid. Rydym hefyd yn dueddol o gredu y gallwn ni 'ddatrys' pob un o'n problemau. Gwaetha'r modd mae marwolaeth yn broblem na allwn ei datrys.

Os mai'n ddiweddar y bu farw'ch anwylyd, efallai y byddwch chi'n clywed y canlynol neu'n meddwl amdanyn nhw eich hun:

- Rhaid i chi ddal ati â'ch bywyd.
- Rhaid i chi ddod drosto.
- Rhaid i chi siapio a bwrw iddi.
- Rhaid i chi feddwl am y plant.
- Rhaid i chi stopio crio.
- Dylech deimlo'n well erbyn hyn.
- Rhaid i chi fod yn ddiolchgar iddo gael 'bywyd da'.

Ymgais yw'r math yma o sylwadau i ddatrys eich tristwch, ac i wneud i chi deimlo'n well er y gallan nhw'n aml gael effaith gwbl groes i hynny. Pan fydd rhywun yn dweud 'rhaid i chi ddod drosto', neu pan fyddwch yn meddwl hynny i chi'ch hun, yr hyn rydych chi'n ei wneud mewn gwirionedd yw cynnig ateb fydd yn cael gwared ar eich poen – ac yn 'datrys' eich sefyllfa. Gwaetha'r modd, does dim geiriau i atal eich poen. Byddai'n llawer mwy o help pe baem ni'n caniatáu i ni'n hunain a phobl eraill alaru drwy gydnabod y poen a rhoi'r amser a'r lle angenrheidiol i rywun addasu i fywyd heb y sawl sydd wedi marw. Mae gwneud hyn yn golygu ei bod yn rhaid i ni gael syniadau synhwyrol am alar a sut ddylai'r rhai sydd mewn galar ymddwyn.

Mae syniadau synhwyrol yn cynnwys:

- Mae galar yn unigryw.
- Does dim modd datrys galar yn gyflym.
- Dydy galar ddim drosodd mewn chwinciad.
- Ymateb normal i golled yw galar.
- Mae galaru'n llesol am ei fod yn rhoi'r amser i chi addasu i'ch bywyd heb y person hwnnw.
- Un ffordd o fynegi galar yw crio.
- Dydy galar ddim yr un peth ag iselder.
- Mae teimlo'n drist pan fydd rhywun sy'n annwyl i chi'n marw yn beth normal.
- Os oeddech yn caru'n ddwfn, allwch chi ddim disgwyl galaru'n fas.

- Nid salwch y gallwch ei wella â phresgripsiwn yw galar.

- Mae galar yn dilyn patrwm tebyg i donnau a bydd yn wahanol i bawb.

- Nes i chi gyrraedd carreg filltir blwyddyn union ers y farwolaeth, fyddwch chi ddim eto'n gwybod am nifer o'r pethau sy'n sbarduno galar.

- Mae'n fuddiol i blant ddysgu bod galar yn ymateb normal i golled.

Os yw'r rhai o'ch cwmpas yn disgwyl yn ddiamynedd i chi 'ddychwelyd i'ch cyflwr arferol', efallai y bydd yn rhaid i chi ddweud wrth eraill a'u hatgoffa nad oes ffordd gyflym o ddatrys y sefyllfa, oherwydd bod marwolaeth yn broblem amhosib ei datrys. Yn hytrach, proses yw galar sy'n caniatáu i chi'n araf 'ddod i arfer' â'ch bywyd heb eich anwylyd.

Gair o gyngor

Cofiwch, nid salwch y gallwch ei wella yw galar, ond ymateb normal i golled.

Beth all helpu?

Gall galar fod yn brofiad unig iawn sy'n ynysu rhywun. Un o'r pethau anoddaf ynglŷn â galaru yw na all neb arall ei wneud ar eich rhan. Ar adegau gallwch amau a ydy'r hyn rydych chi'n ei brofi yn 'normal'. Hwyrach y bydd gennych chi lond gwlad o gwestiynau ond ychydig iawn o atebion. Hefyd, efallai y bydd gennych chi lawer o ffrindiau sy'n ceisio gwneud y peth iawn ac yn dweud wrthych eu bod yn gwybod yn union sut rydych chi'n teimlo a beth ddylech chi fod yn ei wneud. Ond oherwydd bod galaru yn rhywbeth mae'n rhaid i chi ei wneud drosoch chi eich hun, y cyngor gorau yw cymryd pethau'n bwyllog, un cam ar y tro, a gwrando ar eich galar – peidiwch â'i ymladd. Efallai i chi glywed bod amser yn gwella pob clwyf. Ac er bod elfen o wirionedd yn hynny, yr hyn sy'n gwneud y gwahaniaeth go iawn yw'r hyn a wnewch chi yn ystod yr amser hwnnw. Mae'n hanfodol eich bod yn penderfynu beth sydd angen i chi ei wneud i helpu'ch hunan i ymgynefino â marwolaeth eich anwylyd.

Mae angen i bobl sy'n galaru allu:

- dweud eu stori am farwolaeth eu hanwylyd

- rhoi caniatâd iddyn nhw eu hunain alaru
- dod o hyd i ffyrdd i adfer eu synnwyr o reolaeth
- cynllunio llwybr gwahanol heb eu hanwylyd yn eu bywyd.

Cymharu galar â chlwyf

Mae'r rhan fwyaf o bobl yn credu bod angen mynegi galar hyd yn oed os yw'n boenus. Mae cymharu galar â chlwyf yn help i ddeall pam mae mynegi'ch galar mewn rhyw ffordd mor bwysig.

Dychmygwch fod gennych chi glwyf mawr heintus ar eich coes sy'n boenus iawn. Mae'n ddwfn ac yn gignoeth. Cyn dechrau gwella, mae angen cael gwared ar yr haint. Efallai y bydd angen trin y clwyf gyda gwrthfiotigau neu newid y gorchudd yn ddyddiol. Dim ond ar ôl cael gwared ar yr haint y gall y clwyf ddechrau gwella'n iawn. Gydag amser bydd y clwyf yn llai poenus ac yn y pen draw byddwch yn gallu'i gyffwrdd heb ddioddef poen. Ond bydd y graith yn parhau a byddwch yn gallu cofio'r poen pan gawsoch chi'r clwyf.

Er mai cyffelybiaeth fras yw hon, mae'n dangos yr angen i chi fynegi'ch galar os yw'n achosi gwewyr meddwl i chi. Mae sawl ffordd wahanol o wneud hyn, a bydd disgrifiad ohonyn nhw yn Rhan 2. Yn y pen draw, fydd ymddangos yn ddewr a chuddio'ch emosiynau o ddim help. Yn wir, mae'n debyg o waethygu pethau. Ond wedi dweud hynny, mae'n bwysig sylweddoli na fydd pawb yn teimlo'r un angen i sôn am y farwolaeth, yn enwedig os ydych chi'n berson preifat iawn ac am gadw pethau i chi'ch hun. Does dim un ffordd sy'n well na'i gilydd oherwydd bod galar yn unigryw. Chi sydd i benderfynu pa un sydd orau i chi.

Meddyginiaeth

Mae llawer o bobl yn gofyn a fydd meddyginiaeth fel cyffuriau gwrthiselder o help iddyn nhw pan fyddan nhw'n galaru. Mae'r cwestiwn yma'n hollol ddealladwy oherwydd maen nhw am i'r poen ddod i ben. Fel rheol, dydy cyffuriau gwrthiselder ddim yn cael eu hargymell ar gyfer galar gan ei fod yn cael ei ystyried yn ymateb normal i golled ac yn wahanol i iselder, er y gall ar brydiau deimlo'n annioddefol. Mae'r cwestiwn, er hynny, yn un y dylech ei ofyn i'ch meddyg teulu oherwydd bod amgylchiadau pawb yn wahanol. Os oes gennych hanes o iselder neu iechyd meddwl, er enghraifft, bydd eich meddyg yn gallu penderfynu beth sydd orau i chi.

Weithiau mae meddyginiaeth lleihau gorbryder neu dabledi cysgu'n cael eu hargymell am gyfnod byr ar ôl y farwolaeth. Mae'n bwysig peidio â dibynnu ar feddyginiaethau o'r fath a'u defnyddio'n ofalus. Gofynnwch i'ch meddyg am gyngor, oherwydd nid yw'n bosib i'r un o'r rhain gael gwared ar y poen o golli'ch anwylyd.

Gair o gyngor

Rhowch wybod i'ch meddyg teulu am farwolaeth eich anwylyd fel y gall roi cyngor i chi am eich gofal, yn unol â'r angen.

Cynghori

Gallech ystyried cynghori os ydych chi'n meddwl y byddai o les i chi siarad â rhywun ar wahân i'ch teulu agosaf a'ch ffrindiau. Er nad yw llawer o bobl yn gofyn am gynghori, gall fod yn hynod o fuddiol, yn enwedig i'r rheini sydd heb rwydwaith gref o gefnogaeth yn eu cymuned leol neu mewn achosion pan oedd y farwolaeth yn un drawmatig neu'n annisgwyl – er enghraifft, ar ôl damwain neu hunanladdiad. Hyd yn oed os ydych efallai yn teimlo'n drist iawn wrth siarad am y farwolaeth, mae'r rhan fwyaf o bobl yn teimlo'n well o allu gwneud hyn mewn amgylchedd diogel lle y gallan nhw fynegi'u meddyliau a'u teimladau'n rhydd heb i neb ddweud sut ddylen nhw deimlo neu beth ddylen nhw'i wneud. Os ydych yn credu yr hoffech roi cynnig ar gynghori, gofynnwch i'ch meddyg teulu neu'ch hosbis leol eich atgyfeirio at rywun sydd â phrofiad o gynghori ar alar.

Gair o gyngor

Gofynnwch ar unwaith am help gan eich meddyg teulu neu eich ysbyty lleol os ydych yn teimlo fel eich lladd eich hun neu os ydych chi'n ddiobaith am eich dyfodol.

Grwpiau cymorth

Hyd yn oed os nad ydych wedi cymryd rhan mewn grŵp o'r blaen neu os nad ydych chi'n ystyried eich hun yn 'berson grŵp', gall grwpiau cymorth mewn galar fod o help i chi deimlo'n llai ynysig ac unig. Maen nhw'n darparu fforwm i gwrdd ag eraill sydd wedi profi colled debyg gan ddysgu strategaethau i ymdopi â'r newidiadau lu rydych chi, o bosib, yn eu hwynebu o ganlyniad i'ch colled. Mae'r rhan fwyaf o raglenni hosbis yn ogystal â llawer o sefydliadau sy'n seiliedig ar ffydd yn cynnig grwpiau cymorth sy'n agored i'r gymuned.

Stori Rhodri

'Pan fu farw fy ngwraig yn 29 oed o ganser y fron, roeddwn i'n teimlo fel petai fy myd i gyd, fel roeddwn i'n ei adnabod, wedi stopio'n stond. Cefais fy llorio a doeddwn i ddim yn gwybod sut i fynd ymlaen. Doedd neb o'm ffrindiau na fy nheulu'n gwybod sut i fy helpu i – roeddwn i'n teimlo'n hollol ar fy mhen fy hun. Awgrymodd gweithiwr cymdeithasol yr ysbyty oedd wedi gofalu am fy ngwraig 'mod i'n ymuno â grŵp i oedolion iau oedd hefyd wedi colli'u partneriaid. Doeddwn i ddim yn siŵr ar y dechrau am nad oeddwn i erioed wedi bod i grŵp ond fe es i oherwydd doeddwn i ddim yn gwybod beth arall i'w wneud. Nawr, flwyddyn yn ddiweddarach, dwi'n gallu dweud mai'r grŵp oedd y peth gorau i fi oherwydd imi gwrdd â phobl sy'n gallu uniaethu â'r hyn dwi'n ei deimlo – maen nhw'n deall yn iawn.'

Mae'r llyfr hwn yn seiliedig ar y therapi seicolegol a elwir yn therapi ymddygiad gwybyddol (CBT: *cognitive behavioural therapy*), sef math o therapi sy'n canolbwyntio ar y cysylltiad rhwng y meddwl, y teimladau ac ymddygiad ac sy'n cael ei ddefnyddio'n helaeth. Mae CBT yn gweithio'n dda iawn wrth ddelio â marwolaeth rhywun agos oherwydd mae'n eich helpu i adnabod a mynd i'r afael â'r meddyliau hynny sydd o bosib yn eich rhwystro rhag symud ymlaen. Mae hefyd yn eich helpu i roi cynnig ar bethau newydd, hyd yn oed os byddwch chi braidd yn amharod i wneud hynny. Yn Rhan 2 fe welwch chi nifer o ymarferion a strategaethau sy'n seiliedig ar CBT a fydd o help i chi wrth reoli'ch galar.

Rhan 2: YMDOPI Â GALAR

5

Adroddwch eich stori

Bydd gan bob un ohonoch stori wahanol i'w hadrodd am sut fu farw eich anwylyd ac effaith hyn ar eich bywyd. Does dim gwahaniaeth p'un a fu farw'n sydyn neu'n annisgwyl, bydd gallu adrodd eich stori mewn rhyw ffordd yn help i chi fedru gwneud synnwyr o'r hyn sydd wedi digwydd.

Hyd yn oed os nad ydych yn hoff o siarad am bethau personol, mae'n dal yn bwysig i chi'ch holi'ch hun a ydych wedi cael cyfle i sôn am ei farwolaeth. Bydd rhai'n teimlo nad oes angen siarad o gwbl a bydd yn well ganddyn nhw feddwl am bethau ar eu pen eu hunain, ond bydd eraill yn teimlo'r angen i siarad er mwyn mynegi eu meddyliau a'u teimladau. Weithiau bydd angen iddyn nhw adrodd eu stori drosodd a throsodd. Os ydych chi'n un sydd eisiau sôn am eich anwylyd, y peth anoddaf yn aml yw dod o hyd i rywun y gallwch ymddiried ynddo a fydd yn barod i wrando o ddifri. Yn aml, y duedd gydag amser yw siarad llai rhag ofn i chi fynd yn faich ar eraill. Bydd yn bwysig dod o hyd i ambell berson arbennig a fydd yn barod i barhau i wrando arnoch chi wrth i chi geisio ymdopi â'r newidiadau sy'n eich wynebu. Weithiau gall siarad â chynghorwr ar alar neu fynychu grŵp cymorth fod o help.

Pan fyddwch yn meddwl am eich stori, gall y cwestiynau canlynol fod o help i chi:

- Pwy sydd wedi marw?
- Sut fu ef neu hi farw?
- A oedd y farwolaeth i'w disgwyl, neu'n annisgwyl?
- Beth ydych chi wedi'i golli gyda marwolaeth y person hwnnw?
- Pa feddyliau neu deimladau sy'n eich poeni?
- Pwy all eich cefnogi wrth i chi alaru?
- Beth fyddai dymuniad eich anwylyd chi nawr?
- I ba gyfeiriad rydych chi'n gweld eich bywyd yn mynd nawr?

Dewch i ni edrych ar stori Alys:

Stori Alys

'60 oed oedd fy ngŵr Tom pan gafodd ddiagnosis o diwmor ar ei ymennydd. Roedd yn ymddangos yn ffit ac yn iach tan ychydig wythnosau cyn i'r meddygon roi'r newydd ofnadwy i ni. Wedyn dirywiodd yn sydyn ac aeth popeth yn niwlog. Roedden ni wedi bod yn briod am 36 o flynyddoedd ac roedd gennym ni dri o blant. Ryw ddeng mlynedd yn ôl roeddwn i bron â gadael ein priodas ar ôl darganfod fod Tom yn cael affêr. Am rai blynyddoedd wedyn roedd pethau'n anodd, ond fe wnaethon ni'n dau weithio'n galed i achub ein priodas. Roedd bywyd fel petai wedi dod yn ôl i drefn o'r diwedd ac ar y trywydd iawn, ac roedden ni'n credu mai'n hamser ni oedd hi'n awr gan fod y plant wedi gadael cartref. Roedden ni'n cynllunio'n hymddeoliad gyda'n gilydd, yn gwneud yr holl bethau nad oedd gennym ni'r amser na'r arian i'w gwneud pan oedd y plant yn iau. Yn sicr, roeddwn i'n ei weld fel ein 'hail gyfle'. Dwi mor drist nawr, a hefyd yn grac am yr hyn sydd wedi digwydd. Dwi'n teimlo 'mod i wedi cael cam. Mae gen i gymaint o gwestiynau – pam ddigwyddodd hyn i ni? Pam na allai'r meddygon ei achub? Mae'r cyfan mor annheg a dwi'n teimlo ar fy mhen fy hun. Mae'r plant am i fi 'ddod drosto fe' ac alla i ddim siarad â nhw oherwydd dydyn nhw ddim yn gwybod am yr affêr. Mae'r meddyg wedi awgrymu 'mod i'n gweld cynghorwr.'

Pan aeth Alys i weld cynghorwr, roedd yn hollbwysig iddi gael adrodd ei stori, i ddechrau – nid dim ond stori marwolaeth ei gŵr, ond stori eu bywyd gyda'i gilydd – eu stori nhw, y drwg yn ogystal â'r da, a'u gobeithion am y dyfodol. Dewch i ni edrych ar atebion Alys i gwestiynau ei chynghorwr.

Sesiwn Alys

Pwy sydd wedi marw?

Tom fy ngŵr.

Sut fu ef farw?

Tiwmor ar ei ymennydd.

A oedd y farwolaeth i'w disgwyl, neu'n annisgwyl?

Annisgwyl – digwyddodd yn gyflym iawn.

Beth ydych chi wedi'i golli gyda marwolaeth yr un roeddech yn ei garu?

Partner, cyd-deithiwr, dyn oedd yn medru troi'i law at bopeth, fy ail gyfle i gael priodas hapus iawn; ein hymddeoliad.

Pwy all eich cefnogi wrth i chi alaru?

Ein plant, i ryw raddau. Mae gen i hefyd ychydig ffrindiau agos sy'n gwybod am yr affêr ac sy'n wych am fy ngwahodd allan, ond mae eu gwŷr nhw'n dal i fod yn fyw ac felly allan nhw ddim gwybod beth dwi'n mynd trwyddo. Mae fy meddyg yn gefnogol a dwi nawr yn cael sesiynau cynghori.

Beth fyddai dymuniad eich anwylyd chi nawr?

Byddai Tom yn dymuno i fi barhau i gynllunio fy ymddeoliad a theithio i'r llefydd roedden ni wedi sôn am ymweld â nhw. Fyddai e ddim am i fi fod mor drist â hyn. Dwi'n credu y byddai'n dweud – fel y byddai'n dweud yn aml – i ni gael ein bywyd yn ôl ar y trywydd iawn a'n bod ni felly'n gryfach fel cwpwl. Byddai am i fi fy atgoffa fy hun o hyn.

I ba gyfeiriad rydych chi'n gweld eich bywyd yn mynd nawr?

Dwi ddim yn siŵr. Bydd yn rhaid i fi feddwl beth alla i ei wneud. Does dim rhaid i fi werthu'r tŷ, sy'n beth da. Wrth lwc, rydw i'n iach. Byddwn yn hoffi teithio, felly bydd angen i fi chwilio am opsiynau gwahanol. Fe fyddwn i hefyd yn hoffi treulio mwy o amser gyda fy wyrion.

Drwy adrodd ei stori, roedd modd i Alys ddechrau gwneud synnwyr o'r hyn roedd hi'n ei deimlo. Gyda'i chynghorwr, roedd hi hefyd yn gallu trafod yn agored y cyfnod anodd yn ei phriodas, heb deimlo'i bod yn bradychu coffadwriaeth ei gŵr. Drwy ateb y cwestiynau hyn, cafodd gyfle i gydnabod yr agweddau gwahanol ar ei galar a meddwl beth roedd angen iddi'i wneud i'w helpu i reoli ei galar yn well. Ceisiwch ateb y cwestiynau hyn eich hun – cofiwch nad oes atebion cywir nac anghywir.

Gair o gyngor

Bydd gallu adrodd eich stori yn help i chi wneud synnwyr o'r hyn sydd wedi digwydd.

Ymarfer: Adroddwch eich stori

Pwy sydd wedi marw?

_____

_____

_____

Sut fu ef neu hi farw?

_____

_____

_____

_____

_____

Pwy all eich cefnogi wrth i chi alaru?

_____

_____

_____

_____

_____

A oedd y farwolaeth i'w disgwyl, neu'n annisgwyl?

_____

_____

_____

_____

_____

Beth ydych chi wedi'i golli gyda marwolaeth yr un roeddech yn ei garu?

_____

_____

_____

_____

_____

Pa feddyliau neu deimladau sy'n eich poeni?

_____

_____

_____

_____

_____

Beth fyddai dymuniad eich anwylyd chi nawr?

_____

_____

_____

_____

_____

I ba gyfeiriad rydych chi'n gweld eich bywyd yn mynd nawr?

_____

_____

_____

_____

_____

Stori Gwilym

'Bu farw fy mab un ar bymtheg oed ar ôl ymladd canser yr esgyrn am ddwy flynedd. Tua blwyddyn ar ôl iddo farw, cefais wahoddiad i ymuno â'r pwyllgor cynghori cleifion a'u teuluoedd yn yr ysbyty lle cafodd ei drin. Mae bod yn rhan o'r grŵp hwn wedi bod o help mawr i fi – mae wedi bod yn gyfle i fi sôn am fy mab a helpu eraill ar yr un pryd. Mae'n ffordd o gadw cysylltiad ag e ac â'r adeg honno yn ein bywydau.'

6

Sefydlu trefn

Os ydych yn darllen y llyfr hwn yn fuan ar ôl marwolaeth eich anwylyd, mae'n bwysig sefydlu trefn ar gyfer eich diwrnod ar unwaith, waeth pa mor syml yw'r drefn honno. Gallai hynny olygu cael cawod a bwyta brecwast ysgafn cyn gynted ag yr ydych chi'n codi o'r gwely bob bore. Neu yrru i'r siop i brynu papur newydd neu fynd â'r ci am dro, efallai. Mae trefn sefydlog yn help oherwydd does dim rhaid i chi feddwl beth i'w wneud nesaf ac mae'n gadael i chi arbed eich egni ar gyfer pethau eraill. Mae bwyta'n dda a bod yn gorfforol weithgar yn bwysig hefyd gan fod pobl sy'n galaru yn fwy tueddol i ddatblygu problemau iechyd oherwydd straen gorfforol ac emosiynol. Gofalwch gyfyngu ar faint o alcohol rydych chi'n ei yfed, gan ei fod yn iselydd (*depressant*) a gall amharu ar eich hwyliau ac ar eich cwsg.

Gallai'r awgrymiadau canlynol eich helpu i feddwl am eich hunan-les a sut mae mynd ati i sefydlu trefn.

- Penderfynwch fwyta ar amserau rheolaidd.
- Ceisiwch fwyta rhywbeth hyd yn oed os nad oes awydd bwyd arnoch.

- Peidiwch â bwyta bwydydd wedi'u prosesu.
- Peidiwch ag yfed gormod o alcohol.
- Paratowch fwyd ychwanegol i'w roi yn y rhewgell.
- Gwahoddwch ffrind draw i fwyta gyda chi.
- Cerddwch bryd bynnag y gallwch chi.
- Ceisiwch wneud rhyw fath o weithgaredd bob dydd.
- Atgoffwch eich hun fod anawsterau cysgu yn ymateb normal ar ôl marwolaeth rhywun agos, a'u bod gan amlaf yn para dros dro.
- Ysgrifennwch restr 'i'w gwneud' ddyddiol gan roi tic gyferbyn â phob eitem wrth ei gwneud.
- Crëwch ffolderi neu ffeiliau ar gyfer y gwaith papur sydd angen ei gwblhau.
- Ceisiwch neilltuo cyfnod penodol o amser bob wythnos i roi sylw i faterion busnes.
- Cysylltwch ag adran Adnoddau Dynol eich gwaith i weld beth yw'r opsiynau ynglŷn â chymryd amser i ffwrdd a dychwelyd i'r gwaith.
- Ewch at eich meddyg am archwiliad; rhowch wybod i'ch meddyg beth sydd wedi digwydd.
- Rhowch gynnig ar gynghori os ydych yn teimlo wedi'ch llethu neu os nad oes gennych lawer o gymorth.

Gall rhan o'ch trefn ddyddiol gynnwys y materion busnes sydd angen eu cwblhau os mai chi yw'r perthynas agosaf neu os ydych yn ymwneud â'r ystad. Bydd delio â'r materion hyn yn llethol i rai ac fe allan nhw beri pryder parhaus. Mae dysgu sut i ddosbarthu neu wahanu eich pryderon yn strategaeth ddefnyddiol.

Dosbarthu eich pryderon

Dychmygwch fod gennych chi nifer o focsys gwahanol y gallwch eu llenwi â'ch pryderon. Mae gan bob bocs gaead y gallwch ei ddefnyddio i gau'r bocs i gynnwys eich pryderon. Mae'r ymarfer 'bocsys pryderon' yn eich helpu i flaenoriaethu'r hyn sydd angen i chi ei wneud, ac mae'n eich helpu chi ar yr un pryd i deimlo bod gennych fwy o reolaeth.

Ymarfer: Bocsys pryderon

Cam 1 Gwnewch restr o'r pethau sy'n achosi pryder i chi ar hyn o bryd.

Cam 2 Rhannwch y rhain yn grwpiau dan gategorïau gwahanol.

Cam 3 Ysgrifennwch label sy'n diffinio pob grŵp a gafodd ei greu yng Ngham 2. Er enghraifft: materion ariannol, tŷ, car, plant, gwaith ac yn y blaen.

Cam 4 Nawr, dychmygwch eich bod yn gallu cymryd pob grŵp a'u storio mewn bocs. Mae gan bob bocs gaead y gallwch ei gau.

Cam 5 O fewn pob bocs neu gategori, trefnwch y materion yn ôl eu blaenoriaeth. Beth sydd angen ei wneud ar unwaith? Beth sy'n gallu aros? Rhowch seren wrth yr eitemau mae angen i chi ddelio â nhw gyntaf.

Cam 6 Sut allwch chi fynd ati nawr i ddelio â'r materion rydych chi wedi rhoi seren wrthyn nhw?

Ydych chi'n cofio Cadi yn Rhan 1? Dewch i ni edrych sut aeth hi ati i ddosbarthu ei phryderon a'u blaenoriaethu.

Blaenoriaethau Cadi

Materion ariannol/cyfreithiol

Arian yn gyffredinol

Newid manylion cyfrif banc*

Talu'r morgais

Terfynu'r ewyllys*

Cadi – personol

Teimlo ar fy mhen fy hun*

Methu stopio crio*

Teimlo 'mod i'n faich ar fy ffrindiau*

Difaru peidio â thrafod marwolaeth Hywel*

Pethau Hywel

Mynd trwy bethau Hywel

Gwerthu car Hywel

Datgysylltu ei ffôn symudol*

Tŷ

Cynnal a chadw'r hen dŷ

Toiled sy'n gollwng*

Ateb cardiau cydymdeimlo*

Cadi – gwaith

Chwilio am swydd sy'n talu'n well

Er bod gan Cadi lawer o benderfyniadau mawr i'w gwneud o hyd, doedd hi ddim yn teimlo wedi ei llethu gymaint ar ôl rhoi trefn ar ei phryderon fel hyn. Roedd yn sylweddoli nad oedd rhaid iddi wneud popeth ar unwaith. Wrth edrych ar yr eitemau roedd hi wedi rhoi seren wrthyn nhw, roedd Cadi yn gallu penderfynu beth i'w wneud nesaf a llunio rhestr 'i'w gwneud'.

- Gwneud apwyntiad i weld y rheolwr banc.
- Gwneud apwyntiad i weld cyfreithiwr ynglŷn â'r ewyllys.
- Ffonio'r plymwr.
- Ateb dau gerdyn cydymdeimlo y dydd.
- Cysylltu â chwmni'r ffôn symudol.
- Trefnu i gael archwiliad gan feddyg a'i hatgyfeirio at gynghorwr ar alar i sôn am farwolaeth Hywel ac am y pethau roedd hi'n eu difaru.

Bydd gwneud rhestr ddyddiol o bethau 'i'w gwneud' yn eich helpu i deimlo'ch bod chi'n rheoli ac yn rhoi strwythur i'ch diwrnod. Defnyddiwch ddyddiadur neu galendr i nodi'r hyn sydd angen ei wneud ac erbyn pryd. Blaenoriaethwch a byddwch yn amyneddgar gyda chi'ch hun ynglŷn â'r hyn y gallwch chi ei gyflawni bob dydd. Cofiwch, wrth alaru, y gallwch ei chael hi'n anodd canolbwyntio neu dderbyn gwybodaeth, felly ceisiwch wneud ambell beth bob dydd, gan roi tic wrthyn nhw cyn gynted ag y byddwch wedi'u gwneud. Gofynnwch am help a rhowch fân orchwylion i rywun arall eu gwneud, pan mae'n bosib.

Os oes gennych lawer o waith papur, datblygwch system ffeilio. Defnyddiwch ffolderi o liwiau gwahanol i gynrychioli'r categorïau gwahanol sydd wedi'u rhestru yn eich ymarfer 'bocsys pryderon'. Drwy wneud hynny, gallwch ffeilio'r gwaith papur wrth i chi ei gael a'i gadw mewn un man nes y bydd rhaid i chi ddelio ag ef. Er enghraifft, efallai y bydd gennych chi ffolderi o liw gwahanol ar gyfer arian, biliau'r cartref a'r car. Mae hefyd yn syniad da cael bocs go iawn gyda chaead i gadw'r trugareddau sy'n eich atgoffa o'ch anwylyd. Felly bydd pob eitem gyda'i gilydd mewn un man, os penderfynwch chi eich bod am wneud albwm neu lyfr atgofion yn ddiweddarach.

Mae mynd trwy bethau fel hyn yn help i gadw rhyw fath o drefn ac yn gwneud i chi deimlo bod gennych fwy o reolaeth.

Gair o gyngor

Defnyddiwch ffolderi o liwiau gwahanol i drefnu eich gwaith papur.

Er na fyddwch yn teimlo fel gwneud dim ar ôl i'ch anwylyd farw, y rheol gyffredinol yw bod cael pethau a dyletswyddau i'w gwneud yn eich helpu i ddygymod yn rhwyddach o un dydd i'r llall. Y nod yw cymryd camau bach ar y dechrau – diwrnod, neu hyd yn oed awr, ar y tro. Bydd ymgolli mewn tasg am ychydig eiliadau bob dydd yn eich helpu i fynd trwy'r misoedd cyntaf hynny. Peidiwch â disgwyl 'teimlo' fel gwneud rhywbeth; ewch ati.

7

Neilltuo amser i alaru

Does dim canllawiau na rheolau pendant ynglŷn â galaru, ond mae'r rhan fwyaf o bobl yn dweud eu bod yn teimlo'n well o allu mynegi eu galar mewn rhyw ffordd. Mae sawl ffordd o wneud hynny, fel crio, siarad, gwneud ymarfer corff, gwrando ar gerddoriaeth, mynychu grŵp cymorth, gweld cynghorwr, ysgrifennu am eich galar a bod yn greadigol. Mae gallu adrodd eu stori yn bwysig i bawb, nid dim ond i'r rhai sydd wedi cael perthynas wych. Mae dod i delerau â pherthynas anodd hefyd yn rhan o alaru. Efallai fod eich perthynas gyda'r person a fu farw yn llawn tor calon; efallai eich bod yn teimlo bod hwnnw wedi eich siomi dro ar ôl tro; efallai eich bod, ar y pryd, yn disgwyl i bethau wella. Beth bynnag oedd eich perthynas, mae'n well mynegi'r galar na'i gadw i mewn. Ac wrth ei fynegi, mae'n bwysig neilltuo amser i alaru. Er y gall hyn fod yn anodd gan ei fod yn boenus, byddwch yn amyneddgar gan atgoffa eich hun nad yw tristwch yn beth drwg pan fyddwch chi'n delio â marwolaeth rhywun agos.

Stori Heather

'Perthynas stormus oedd fy un i a Mam erioed. Doeddwn i erioed wedi meddwl ei bod, mewn gwirionedd, yn fy ngharu i go iawn nac y gallwn i fyth ei phlesio. Ar ôl i fi briodi, roeddwn i'n ei gweld hi'n llai aml gan iddi'i gwneud hi'n ddigon amlwg nad oedd hi'n hoffi fy ngŵr. Mae ei marwolaeth wedi fy nharo i'n fwy nag oeddwn i wedi'i feddwl. Byddwn i'n trio'n galed i beidio â meddwl am y peth ond roedd yno bob amser yng nghefn fy meddwl.

Diolch i gynghori, dwi wedi deall mai galaru am golli perthynas mam a merch roeddwn i go iawn – perthynas roeddwn i bob amser wedi'i dymuno ac wedi gobeithio amdani. Mae trafod y peth â rhywun diduedd wedi bod yn brofiad cadarnhaol iawn oherwydd iddo wneud i fi gyfaddef 'mod i yn ei charu a hithau'n fy ngharu i yn ei ffordd ryfedd ei hun, er bod ein perthynas yn un anodd.'

Neilltuo amser i alaru

Fel gydag unrhyw dasg o bwys, mae'n bwysig neilltuo amser i alaru trwy ei gynnwys yn amserlen eich diwrnod. Os na rowch chi amser iddo, mae'n hawdd i brysurdeb bywyd eich llyncu ac mae perygl i chi wthio'ch galar i'r neilltu. Er enghraifft, gall gofalwyr prysur neu bobl sydd â phlant bach eu cael eu hunain yn y sefyllfa hon. Dydyn nhw ddim yn gwneud hynny'n fwriadol – mae'n digwydd heb i rywun sylweddoli.

Mae trefnu amser penodol bob diwrnod neu ddau i eistedd a meddwl am farwolaeth eich anwylyd yn help i chi deimlo bod gennych chi fwy o reolaeth ar eich galar. Un awgrym yw neilltuo ugain munud i hanner awr bob diwrnod neu ddau yn 'amser galaru'. Dewiswch amser pan na fydd dim yn torri ar eich traws ac na fydd rhaid i chi frysio i rywle'n syth wedyn. Defnyddiwch ddyddiadur i gofnodi'ch meddyliau a'ch teimladau, a rhowch ddyddiad ar eich cofnodion, fel y gallwch edrych yn ôl dros y dyddiadur a chadw golwg ar eich cynnydd.

Mae'r canlynol yn rhoi rhai syniadau i chi am beth i'w wneud yn eich 'amser galar':

- Eisteddwch yn dawel, caewch eich llygaid a meddyliwch am yr un sydd wedi marw.
- Chwaraewch gerddoriaeth sy'n eich atgoffa ohono.
- Siaradwch ag ef am eich diwrnod fel pe bai'n eistedd wrth eich ymyl.
- Gadewch i'ch hun grio – cofiwch nad yw tristwch yn beth drwg.
- Ysgrifennwch yn eich dyddiadur.
- Ysgrifennwch lythyr at eich anwylyd.

- Rhestrwch y pethau hynny yn ei gylch rydych chi'n gweld eu colli.

- Ysgrifennwch yr hyn a wyddoch am amgylchiadau'r farwolaeth.

- Rhestrwch unrhyw gwestiynau yr hoffech gael ateb iddyn nhw.

- Edrychwch ar luniau o'ch amser gyda'ch gilydd.

- Gwnewch restr 'i'w gwneud' o'r pethau mae angen eu gwneud.

- Gwnewch rywbeth creadigol fel peintio neu arddio.

- Gwnewch lyfr atgofion sy'n dweud ei hanes – gallech gynnwys lluniau, cardiau a thrugareddau eraill sy'n eich atgoffa o'r person.

- Defnyddiwch e-bost i ofyn i ffrindiau'ch anwylyd gyfrannu atgofion am sut y cwrddon nhw â'i gilydd, straeon digri, a'r hyn roedden nhw'n ei werthfawrogi fwyaf amdano.

- Treuliwch amser yn yr awyr agored.

- Darllenwch lyfrau hunangymorth neu ymunwch â grŵp cymorth ar-lein.

Wrth drefnu'ch amser fel hyn, rydych yn dosbarthu neu'n trefnu eich galar. Er bod canolbwyntio ar eich galar yn gallu bod yn boenus, mae llawer o bobl yn dweud eu bod yn teimlo'n 'well' pan fyddan nhw'n neilltuo amser yn rheolaidd, gan eu bod yn teimlo'n fwy parod i fynd ymlaen â gweddill eu diwrnod. Gydag amser, mae'n debyg na fyddwch yn teimlo'r angen i neilltuo cymaint o amser i alaru ac na fyddwch yn ysgrifennu mor aml yn eich dyddiadur.

Ysgrifennu at eich anwylyd

Mae llawer o bobl yn teimlo bod ysgrifennu at eu hanwylyd yn rheolaidd yn help mawr. Gall fod yn ffordd ardderchog o fynegi'ch galar, ac ar yr un pryd bydd yn eich helpu i chi gadw cysylltiad â'r un sydd wedi marw. Gallwch ysgrifennu fel rhan o'ch 'amser galaru' neu pan fyddwch chi'n teimlo'r angen i wneud. Does dim ffordd gywir nac anghywir o wneud hyn. Un canllaw defnyddiol yw ysgrifennu'r pethau y byddech yn eu dweud wrtho fel arfer. Mantais ysgrifennu'ch meddyliau a'ch teimladau yw bod angen mwy o allu ymenyddol i'w rhoi ar bapur nag wrth eu meddwl yn unig. Gall ysgrifennu hefyd fod yn ffordd dda o geisio gwneud synnwyr o bethau sydd o bosib yn eich gofidio.

Gallech ddechrau fel hyn:

- Mae'n _____ diwrnod/wythnos/mis ers i ti fynd ac roeddwn i am ddweud wrthyt ti ___ _____.

- Pe baet ti yma nawr, byddwn yn dweud wrthyt ti/yn gofyn i ti _____.

- Byddai'n dda gen i pe bawn i wedi cael y cyfle
  i ddweud wrthyt ti cyn i ti farw _____
  _____. Dydw i ddim yn siŵr beth i'w
  wneud ynglŷn ag _____ ___
  _____ ac yn meddwl tybed beth fyddai
  dy gyngor di.

- Roeddwn i am ddweud wrthyt ti sut dwi'n
  dod ymlaen a sôn am y newidiadau sydd wedi
  digwydd i fi ers i ti farw _____
  _____ _____
  _____ _____
  _____ _____
  _____.

Dewch i ni edrych ar stori Iwan.

Stori Iwan

'Pan fu farw fy mab mewn damwain car
roeddwn i'n methu'n lân â siarad â neb
amdano. Os byddwn i'n gwneud, byddwn
yn torri i lawr a byddai pawb, nid dim ond
fi, yn teimlo'n lletchwith. Roedd wedi gadael
i ddechrau yn y brifysgol rai misoedd cyn
iddo farw a doedden ni ddim wedi gweld
ein gilydd ers tri mis. Roedd yn wirioneddol
hapus ac yn gwneud ffrindiau. Roedd fy
ngwraig a minnau wedi trefnu i ymweld ag
e yr wythnos cyn iddo farw ac roedden ni'n
mynd i dreulio ychydig o amser yn pysgota

– roedden ni'n hoffi gwneud hyn gyda'n gilydd. Ond fe wnaethon ni ohirio'r daith gan feddwl y bydden ni'n mynd ymhen rhai wythnosau pan fyddai'r tywydd wedi cynhesu. Dwi'n teimlo mor euog – pam na fydden ni wedi mynd fel roedden ni wedi'i fwriadu? Petaen ni ond wedi mynd – gallai pethau fod yn wahanol ac mae'n bosib na fyddai wedi bod yn y car pan ddigwyddodd y ddamwain. Alla i ddim peidio â meddwl amdano a sut fu e farw. Dwi'n yfed gormod ac yn ei chael hi'n anodd codi o'r gwely bob bore. Mae ein plant iau yn ei chael hi'n anodd hefyd. Dwi ddim yn meddwl 'mod i'n dad nac yn ŵr da iawn ar hyn o bryd, ond does gen i ddim syniad beth i'w wneud.'

Doedd Iwan ddim yn un a oedd yn hoffi siarad ond roedd angen iddo fynegi ei alar ynglŷn â'i fab. Trefnodd Iwan drip pysgota arbennig ar ei ben ei hun yn ôl i'w hoff fan pysgota, er bod hyn yn anodd iawn. Yna rhoddodd amser o'r neilltu bob nos yn ystod yr wythnosau cyn y trip i ysgrifennu'r llythyr canlynol at ei fab. Dewisodd ddarllen y llythyr yn uchel wrth dân y gwersyll a'i losgi wedyn. Er na wnaeth hyn stopio poen Iwan, roedd yn teimlo'i fod wedi cymryd cam pwysig ymlaen i fynd i'r afael â'i alar, cam oedd yn caniatáu iddo ganolbwyntio mwy ar weddill ei deulu ac ar ei iechyd ef ei hun. Penderfynodd Iwan y byddai'n dychwelyd yn rheolaidd i'w hoff fan pysgota, gan fynd â'i blant eraill gydag ef yn aml. Drwy wneud hynny, creodd draddodiad newydd a oedd yn caniatáu iddo barhau i deimlo cysylltiad â'i fab.

Hei 'machan i,

Mae hi bron yn ddau fis ers i ti fynd ac rwy'n moyn dweud gymaint rwy'n dy golli di. Rwy'n ffaelu credu nad wyt ti yma nawr. Ddim fel 'na o'dd hi i fod. Dy dad ddylai fod wedi mynd gynta. Ma' dy fam yn torri ei chalon ac Erin a Twm yn sobor o dawel – maen nhw'n colli eu brawd mawr yn ofnadw'. Ond heddi rwy wedi penderfynu mynd i bysgota ar afon Teifi – fel yn yr hen ddyddiau da. Roedden ni'n hoffi fan hyn ac mae'n dod â chymaint o atgofion melys yn ôl i fi. Rwy'n credu mai rhyw dair oed oeddet ti pan ddes i â ti yma i bysgota am y tro cynta. Dim ond ni'r bois. Rwy'n gwybod y byddet ti am i ni ddal ati – ond mae'n sobor o anodd. Ond fe wna i drio. Fe fydda i'n ôl mewn cwpwl o wythnosau ac fe wna i roi gwybod i ti sut mae pethau erbyn hynny.

Dad

8

Mynd i'r afael â rhwystrau

Gall rhwystrau wrth fynd i'r afael â galar gynnwys:

- cwestiynau heb eu hateb
- teimladau sy'n achosi gwewyr
- osgoi mannau neu bobl arbennig sy'n eich atgoffa o'ch anwylyd
- cael trafferth penderfynu.

Fel gydag unrhyw rwystr, i symud ymlaen, mae angen i chi allu mynd heibio iddo mewn rhyw ffordd. Gyda galar, gall y rhwystrau fod yn boenus iawn, felly mae pobl yn aml yn ceisio peidio â meddwl amdanyn nhw, gan obeithio y byddan nhw'n diflannu. Gwaetha'r modd, dydy pethau ddim yn gweithio felly. Yn aml mae'r rhwystrau'n mynd yn fwy gydag amser, a bydd mynd i'r afael â nhw'n anoddach nag erioed.

Meddyliau a theimladau pryderus

A oes unrhyw beth am farwolaeth eich anwylyd sy'n troi a throsi yn eich meddwl o hyd? Gall rhwystrau cyffredin i ddelio â galar gynnwys cwestiynau heb eu hateb, fel 'Pam?', difaru na fyddech chi wedi dweud neu wneud rhywbeth yn wahanol, a theimlo'n euog, yn ddig neu'n edifar. Mae meddwl y dylai bywyd fod yn deg yn gallu bod yn rhwystr posib hefyd. Os ydych yn credu'n gryf ein bod yn byw mewn byd teg a chyfiawn, bydd y gred honno'n cael ei herio pan fydd rhywun sy'n annwyl i chi'n marw cyn pryd, yn enwedig os yw'r farwolaeth yn un annisgwyl. Bydd gallu newid eich ffordd o feddwl yn eich helpu i oresgyn eich rhwystrau. Cewch weld sut mae gwneud hyn yn yr ymarfer 'Cwestiynau heb eu hateb'.

Cwestiynau heb eu hateb

Os oes gennych gwestiynau heb eu hateb ynglŷn â marwolaeth eich anwylyd, bydd eich ymennydd yn debyg o droi pob math o esboniadau posib drosodd o hyd ac o hyd mewn ymgais i geisio gwneud synnwyr o'r ffeithiau rydych chi'n eu gwybod. Mae diffyg gwybodaeth am sut a pham y bu rhywun farw yn rhwystr anferth i ddod i delerau â'r farwolaeth. Yn aml does dim atebion syml. Os oes gennych gwestiynau, efallai y byddwch yn teimlo'n well o geisio dod o hyd i atebion gan y bobl oedd yn gysylltiedig â'r farwolaeth, fel gweithwyr iechyd proffesiynol, llygad-dystion neu'r heddlu. Mewn achos o hunanladdiad, gallai ceisio deall y digwyddiadau a arweiniodd at y farwolaeth fod o help. A gafodd nodyn ei adael? A oedd y person yn ymddwyn yn wahanol cyn hynny? A oedd yn cael help? Gall fod o fudd ichi drafod eich cwestiynau gyda chynghorwr ar alar a fydd yn gallu'ch helpu i ystyried atebion posibl. Mae hefyd yn bwysig derbyn y ffaith na ddewch byth i wybod na deall yn llawn beth a ddigwyddodd.

Ymarfer: Cwestiynau heb eu hateb

- Nodwch unrhyw gwestiynau sydd gennych chi am y farwolaeth.
- A oes unrhyw ddeunydd darllen a allai fod o help i chi ddeall y sefyllfa'n well?
- Â phwy y gallech chi gysylltu i gael ateb i'r cwestiynau hyn?
- Gwnewch apwyntiad i'w weld ac esboniwch pam er mwyn iddo allu paratoi.

Ar ôl i chi gael y wybodaeth hon, ysgrifennwch yr atebion posib i'ch cwestiynau sy'n gwneud y synnwyr mwyaf i chi.

Gofyn 'Pam?'

Yn yr un modd, mae ceisio ateb y cwestiwn hwn yn rhan bwysig arall o dderbyn marwolaeth eich anwylyd a bydd yn debygol o gymryd amser. Gallwch fod yn brwydro â'r cwestiwn 'Pam?' os oedd y farwolaeth yn un annisgwyl, oherwydd nad felly roedd pethau i fod. Mae bywyd wedi dilyn trywydd nad oeddech chi yn ei ddisgwyl. Gall

medru mynegi'ch tor calon drosodd a throsodd
fod o help. Mae marwolaeth rhywun agos yn codi
nifer o gwestiynau ysbrydol neu grefyddol i rai,
a byddan nhw'n teimlo bod siarad â rhywun o'u
grŵp ffydd yn help.

Stori Janet

'Pan laddodd fy ngŵr, Hefin, ei hun doedd
gen i ddim syniad pam. Roedd cymaint
o gwestiynau heb eu hateb. Roedd wedi
dioddef iselder ers blynyddoedd lawer ond
roedd newydd ddechrau triniaeth gyda
seiciatrydd newydd ac roedd popeth fel
petai'n mynd yn dda. Er bod hyn wastad
yng nghefn fy meddwl i, roedd Hefin yn
hapusach o lawer ynddo'i hun nag yr oedd
wedi bod ers tro. Un peth oedd yn help i fi
oedd cwrdd â'r seiciatrydd yn fuan ar ôl i
Hefin farw oherwydd roeddwn i'n awyddus
i ddeall mwy am ei farn am Hefin y tro
ola iddo'i weld. Ar y pryd, fe wnaeth fy
meddyg teulu argymell 'mod i'n ymuno â
grŵp cymorth i oroeswyr hunanladdiad
gan ei bod yn anodd bod gyda'n ffrindiau,
oherwydd doedden nhw ddim yn gwybod
beth i'w ddweud. Roedd yn braf gallu siarad
â phobol oedd wedi dioddef colled debyg.'

Euogrwydd, dicter neu edifeirwch

Os ydych yn cael trafferth gyda theimladau cryf o euogrwydd, dicter neu edifeirwch, gall y teimladau hynny hefyd fod yn rhwystrau i ddelio â'ch galar a rhaid eu hwynebu. Y cam pwysig cyntaf yw adnabod y meddyliau neu'r syniadau sy'n arwain at yr emosiynau hyn. Dewch i ni edrych arnyn nhw bob yn un.

Euogrwydd yw'r emosiwn mae pobl yn ei deimlo pan fyddan nhw'n meddwl eu bod wedi gwneud rhywbeth o le, p'un a ydy hyn yn wir ai peidio. Os ydych chi'n gadael i'r meddyliau sy'n arwain at deimladau o euogrwydd gael rhwydd hynt, gall ddatblygu'n emosiwn dinistriol iawn.

Gall *dicter* hefyd fod yn rhwystr anferth i nifer o bobl oherwydd mae'n eu cadw yn yr unfan ac yn golygu eu bod yn methu symud ymlaen.

Mae nifer o bobl yn mynegi *edifeirwch* i ryw raddau. Gofidio neu ddifaru am bethau heb eu dweud na'u gwneud, am obeithion ynglŷn â'r dyfodol. Weithiau mae pobl yn difaru'r penderfyniadau meddygol, yn enwedig os oedd y person a fu farw yn sâl am gyfnod.

Ymarfer: Pa deimladau sy'n eich poeni chi?

Ydych chi'n teimlo euogrwydd, dicter neu edifeirwch ynglŷn ag unrhyw beth i'w wneud â marwolaeth eich anwylyd? Os felly, nodwch y teimlad yn y bylchau gwag isod.

Dwi'n teimlo'n euog oherwydd

_____

_____

_____

Dwi'n teimlo'n ddig oherwydd

_____

_____

_____

Dwi'n gofidio ac yn difaru i mi

_____

_____

_____

Ym mhob rhan o'n bywyd, mae ein ffordd o feddwl am bethau'n effeithio ar ein teimladau ac ar ein hymddygiad. Dydy galaru ddim yn wahanol ond gall ein meddyliau fod yn fwy gwyrgam oherwydd ein bod yn fregus ac yn methu meddwl mor glir ag arfer. Mae ein meddyliau pob dydd – 'siarad â ni'n hunain' – yn tueddu i ddigwydd heb feddwl ac yn effeithio ar ein hwyliau. Os ydym yn dymuno newid y ffordd rydym ni'n teimlo, mae angen i ni newid ein ffordd o feddwl.

I wneud hyn, gofynnwch y cwestiynau canlynol i chi'ch hun:

1. Ble mae'r dystiolaeth am yr hyn rydw i'n ei feddwl?

2. Pa ddewisiadau eraill sydd o ran yr hyn rydw i'n ei feddwl?

3. Sut mae meddwl fel hyn yn debygol o effeithio arna i?

4. Sut fyddwn i'n cynghori ffrind i feddwl yn yr un sefyllfa?

5. Beth fyddai fy anwylyd yn ei ddweud pe bai yma nawr?

Dewch i ni edrych ar enghraifft.

Roedd Peggy, gwraig Jack ers 44 o flynyddoedd, yn marw o ganser y pancreas. Roedd hi wedi gwaethygu'n sydyn ac mewn llawer o boen. Roedden nhw wedi gobeithio y gallai farw gartref dan ofal yr hosbis leol. Yn yr ychydig ddyddiau olaf, doedd Jack ddim yn credu y gallai ofalu'n ddigon da am Peggy gartref a chafodd fynd i ysbyty lle y bu farw'n ddiweddarach. Ar ôl i Jack gwblhau'r ymarfer uchod, ysgrifennodd:

> *Dwi'n teimlo'n euog oherwydd 'mod i wedi siomi Peggy drwy beidio â gofalu amdani gartre tan iddi farw.*

Gan ddefnyddio cwestiynau un, dau a phump, dechreuodd Jack herio'i ffordd o feddwl. Ymhen amser, roedd e'n gallu dweud wrtho'i hun:

> *Does dim tystiolaeth 'mod i wedi siomi Peggy. Fe wnes i 'ngorau glas i'w chadw hi gartre ond fe aeth ei salwch yn drech na ni yn y diwedd. Byddwn wedi hoffi petai pethau wedi bod yn wahanol, ond dwi'n gwybod 'mod i wedi gwneud popeth o fewn fy ngallu. Byddai Peggy wedi dweud mai mynd i'r ysbyty oedd y peth callaf o ystyried yr amgylchiadau a'r dewisiadau oedd gennym ni.*

Osgoi pobl neu fannau arbennig

Os ydych wedi bod yn osgoi rhywun neu ryw le arbennig ers i'ch anwylyd farw, mae angen i chi benderfynu sut i fynd i'r afael â hyn oherwydd dim ond gwneud pethau'n fwy anodd y bydd hyn yn y pen draw. Yn aml, mae pobl yn osgoi ystafelloedd arbennig yn eu tai, hoff fwytai, ymweld â'r bedd neu siarad ag eraill am y farwolaeth. Efallai eich bod yn poeni na fyddwch chi'n gallu peidio â chrio ac felly eich bod yn osgoi rhoi eich hunan mewn sefyllfaoedd penodol. Mae'r ffin yn denau rhwng peidio â bod yn barod i wynebu rhywbeth sy'n anodd a'i osgoi. Gwaetha'r modd, y broblem gydag osgoi yw ei fod, er iddo leddfu'r poen ar y dechrau, yn gwneud eich galar yn waeth yn y pen draw.

Bydd yr ymarfer canlynol yn eich helpu i baratoi cynllun i wynebu'r peth neu'r person rydych chi'n ei osgoi. Fodd bynnag, os ydych chi'n teimlo na allwch ei wneud ar eich pen eich hun, fe allai fod yn fuddiol i chi weld cynghorwr ar alar a fydd yn gallu'ch helpu i edrych yn fanwl ar eich ffordd o feddwl ac i wynebu, gan bwyll, y sefyllfaoedd rydych yn eu hosgoi. Isod fe welwn ni sut yr atebodd Janet y cwestiynau hyn yn fuan wedi i'w gŵr Hefin farw drwy gymryd ei fywyd ei hun. Roedd hi a'i gŵr wedi bod yn un o bedwar cwpwl agos a fyddai'n mynd allan gyda'i gilydd yn rheolaidd.

Ymarfer: Mynd i'r afael ag osgoi

1. Beth ydych chi'n ei osgoi – pa bobl a pha fannau?

- *Ein chwe ffrind agosaf.*

2. Trefnwch restr o eitemau, o'r hawsaf i'r anoddaf,
   i'ch helpu i fynd i'r afael â'r hyn rydych yn ei
   osgoi.

- *Gweld y tair gwraig yn fy nghartref i gyntaf.*
- *Gwahodd eu gwŷr gyda nhw i fy nghartref.*
- *Y saith ohonom yn mynd allan gyda'n gilydd i
  fwyty lleol.*

3. Wrth ochr pob eitem, ysgrifennwch beth rydych
   yn ei ofni ynglŷn â'r eitem rydych yn ei hosgoi.

- *Dwi'n ofni dechrau crio a methu stopio.*
- *Dwi'n ofni y bydd y dynion yn anghyfforddus ac
  y bydda i'n teimlo'n lletchwith.*
- *Dwi'n ofni y bydda i'n ypsetio gymaint nes y
  bydda i'n rhedeg allan o'r bwyty.*

4. Heriwch unrhyw feddyliau di-fudd trwy
   ddefnyddio'r pum cwestiwn sydd wedi'u nodi
   ar ôl yr ymarfer 'Pa deimladau sy'n eich poeni
   chi?' ar dudalen 62.

- *Mae'n iawn crio; mae fy ffrindiau wedi bod yn
  ffrindiau i ni am flynyddoedd lawer. Maen nhw'n
  drist hefyd.*
- *Mae'n normal teimlo bod mynd allan heb Hefin
  yn rhyfedd ar y dechrau oherwydd ei fod yn
  rhywbeth newydd.*
- *Gydag amser, fe wna i ddod yn gyfarwydd â mynd
  ar fy mhen fy hun.*
- *Byddai Hefin am i fi fynd.*

5. Cynlluniwch sut i wynebu'r eitemau rydych yn eu hosgoi yn raddol, gan ddechrau gyda'r hawsaf.

- *Ffonio'r merched a'u gwahodd draw am ddiod neu pizza.*

- *Yr wythnos wedyn, gwahodd y tri chwpwl am ddiod.*

- *Trefnu i'r saith ohonom ni fynd allan i fwyty newydd nad ydym wedi bod iddo o'r blaen.*

- *Yn olaf, trefnu noson i ni i gyd fynd i fwyty Otto, ein hoff fwyty; cadw bwrdd ymlaen llaw i wneud yn siŵr bod lle i ni.*

6. Os bydd rhaid, rhannwch bob eitem yn gamau llai, gan ddechrau gyda'r cam lleiaf anodd. Neilltuwch amser i roi cynnig arni.

Wrth wynebu ei hofnau mewn ffordd systematig, roedd Janet yn teimlo bod ganddi fwy o reolaeth ar bethau, gyda hynny'n ei helpu wedyn i ddechrau adeiladu ei bywyd heb ei gŵr.

Gwneud penderfyniadau anodd

Mae'n bosib y bydd llawer o benderfyniadau y bydd yn rhaid i chi eu gwneud yn dilyn marwolaeth eich anwylyd, gan gynnwys penderfyniadau ar faterion ariannol, ble i fyw, rhoi trefn ar eiddo personol, pryd i fynd yn ôl i'r gwaith, a ph'un ai dal i wisgo'ch modrwy briodas neu ei thynnu. Gall rhai dewisiadau fod yn hawdd, bydd eraill yn achosi gwewyr meddwl. Y rheol gyffredinol yw peidio â gwneud penderfyniadau mawr yn ystod y flwyddyn gyntaf, yn enwedig y rhai na fyddwch chi'n gallu eu dad-wneud, oherwydd eich bod bryd hynny'n fwy tebygol o wneud penderfyniad ar sail emosiwn yn hytrach nag ar sail ffeithiau.

Mae defnyddio fframwaith y gallwch ei gymhwyso ar gyfer unrhyw benderfyniad rydych yn ei wynebu yn help i wneud y broses yn haws. Mae'r fframwaith sy'n cael ei amlinellu isod yn annog meddwl yn synhwyrol am benderfyniadau anodd trwy ganolbwyntio ar ganlyniadau posib y gwahanol opsiynau. Drwy ddefnyddio'r fframwaith hwn byddwch yn llawer llai tebygol o wneud penderfyniad byrbwyll y gallwch ei ddifaru yn y dyfodol. Fel y cewch chi weld, defnyddiodd Nesta'r fframwaith i'w helpu i benderfynu a ddylai werthu hen gar ei gŵr ai peidio.

Fframwaith ar gyfer gwneud penderfyniadau anodd

Cam 1 Beth yw'r broblem rydych chi'n ei phrofi neu'r penderfyniad rydych chi'n ei wynebu?

Gwerthu'r hen gar 'vintage' gwerthfawr ai peidio; roedd Gwilym wedi bod yn berchen arno ers ugain mlynedd ac wrth ei fodd gydag e.

Cam 2 Sawl ffordd o ddatrys y broblem fedrwch chi feddwl amdanyn nhw?

Gwerthu neu gadw.

Cam 3 Beth yw'r pethau cadarnhaol a negyddol am y ddau ddewis?

Gwerthu: cadarnhaol: arian; negyddol: gwerth sentimental, llawer o atgofion melys.

Cadw: cadarnhaol: atgofion melys, cysylltiad â Gwilym; negyddol: ble i'w gadw petawn i'n symud, cynnal a chadw, pwy fyddai'n ei yrru? Cael llai o arian petawn yn ei werthu'n ddiweddarach.

Cam 4 P'un sy'n edrych orau i chi?

Ei werthu yw'r opsiwn mwyaf synhwyrol gan fod gwir angen yr arian arna i ac na alla i fforddio'i gynnal a'i gadw.

Cam 5 Petaech chi'n dewis gwneud hyn, beth fyddai'r canlyniadau?

Byddai'n rhaid i mi ddelio â'r tristwch o golli atgofion a'r cysylltiad â Gwilym.

Cam 6 A allwch chi fyw gyda'r canlyniadau hyn? Gallaf/na allaf.

Gallaf – byddai'n anodd ond dyna fyddai

Gwilym wedi'i argymell am mai fe oedd yr un ymarferol bob amser.

Cam 7 Os mai 'Na allaf' oedd eich ateb yng Ngham 4, yna ewch yn ôl i Gam 2, a gweithiwch drwy'r camau eraill eto.

Cam 8 I roi'r dewis wnaethoch chi yng Ngham 4 ar waith, beth sy'n rhaid i chi ei wneud i roi cynnig arni?

Byddwn yn tynnu llawer o luniau neu'n cael rhywun i wneud fideo cyn ei werthu. Gallwn ofyn i Geraint, ffrind Gwilym, fynd â fi am dro yn y car am y tro olaf er mwyn ffarwelio mewn steil â'r hen gar. Efallai y byddai Geraint, drwy'r clwb hen geir, yn gwybod am rywun fyddai'n hoffi'i brynu – ac y gallwn i ei weld wedyn petawn i'n gweld 'mod i'n ei golli.

Roedd Nesta'n teimlo'n well o lawer ar ôl meddwl am y penderfyniad i werthu car ei gŵr fel hyn. Trwy ateb y cwestiynau hyn roedd hi'n gallu canolbwyntio ar ganlyniadau'r penderfyniad a'r camau fyddai'n rhaid iddi eu cymryd i roi ei phenderfyniad ar waith. Er y byddai ffarwelio â'r car yn dal i fod yn anodd, roedd hi'n llawer mwy parod ar ei gyfer. Yn yr un modd, gallwch ddefnyddio'r fframwaith wrth fynd trwy eiddo personol yr ymadawedig. Mae bob amser yn well dechrau gyda'r eitemau â'r gwerth lleiaf sentimental. Os oes pethau nad ydych yn siŵr p'un a ddylech eu cadw ai peidio, rhowch nhw heibio am y tro a dewch yn ôl atyn nhw ymhen chwe mis i benderfynu.

9

Delio â'r 'troeon cyntaf'

Mae llawer o 'droeon cyntaf' y bydd rhaid i chi eu hwynebu yn ystod y flwyddyn gyntaf ar ôl marwolaeth eich anwylyd. Byddwch yn ymwybodol ymlaen llaw o rai ohonyn nhw, fel ei ben-blwydd a dyddiad y diagnosis cyntaf, ac yn gwybod pryd fyddan nhw'n nesáu. Bydd eraill yn hollol annisgwyl, er enghraifft, cael llythyr wedi'i gyfeirio ato neu weld rhywun tebyg iddo. Bydd hefyd droeon cyntaf eraill yn y blynyddoedd sydd i ddod – seremoni raddio efallai, priodas neu enedigaeth ŵyr neu wyres. Ond fel arfer bydd mwyafrif y troeon cyntaf yn ystod y deuddeg mis cyntaf hyd at y dyddiad y bu farw eich anwylyd flwyddyn ynghynt. Er bod y rhan fwyaf o bobl yn disgwyl i'r diwrnod sy'n nodi blwyddyn ers y farwolaeth fod yn anodd, mae nifer heb ystyried effaith bosibl yr holl droeon cyntaf eraill. Mae gallu wynebu'r troeon cyntaf hyn yn rhan bwysig o addasu i'ch bywyd newydd.

Edrychwch drwy'r rhestr ganlynol o droeon cyntaf. Pa rai rydych chi wedi'u profi'n barod? Rhowch gylch o amgylch y rhai sydd ar ddod. Pa droeon cyntaf eraill rydych chi'n eu rhagweld?

- ei ben-blwydd
- eich pen-blwydd chi
- pen-blwydd eich priodas neu ddyddiad o bwys yn eich perthynas
- dyddiad y diagnosis
- clywed eich cân arbennig
- gweld ffrindiau arbennig am y tro cyntaf
- mynd yn ôl i le arbennig
- mynd i ddigwyddiad ar eich pen eich hun
- Nadolig, Hanukkah neu ŵyl grefyddol arall
- mynd ar wyliau ar eich pen eich hun am y tro cyntaf
- mynd i'r banc
- llythyr yn dod at eich anwylyd
- gwylio ei hoff dîm
- gweld car tebyg i'w un yntau.

Ymarfer: Eich troeon cyntaf

- Pa droeon cyntaf rydych chi wedi'u profi eisoes?

_____

_____

_____

- Pa rai oedd yn annisgwyl?

_____

_____

_____

- Wnaethoch chi unrhyw beth i'ch helpu i fynd drwy'r diwrnod?

_____

_____

_____

Dydy pawb ddim yn cael eu heffeithio yn yr un ffordd ar ddiwrnod arwyddocaol neu pan fydd rhywbeth yn eu hatgoffa o'u hanwylyd. Ond yn achos y rhai sy'n cael trafferth gyda'r troeon cyntaf hyn, mae llawer yn dweud bod y 'disgwyl' am y tro cyntaf yn waeth na'r diwrnod ei hun – rhywbeth tebyg i brofiad pobl cyn iddyn nhw fynd at y deintydd. Y strategaeth orau i ymdopi â'r tro cyntaf yw cynllunio ymlaen llaw sut i'w gydnabod, er yr hoffech chi o bosib anghofio'r dyddiad yn gyfan gwbl. Mae cynllunio'n help oherwydd ei fod yn gwneud i chi deimlo fod gennych fwy o reolaeth.

Mae pedair elfen allweddol i fynd i'r afael ag unrhyw dro cyntaf: ei ragweld, cynllunio ymlaen llaw, meithrin disgwyliadau synhwyrol a hel atgofion. Bydd y fframwaith canlynol yn eich helpu i wneud hyn.

Fframwaith ar gyfer mynd i'r afael â'r troeon cyntaf

Cam 1 *Rhagweld* – pa droeon cyntaf sydd ar ddod? Ble fyddwch chi?

Cam 2 *Cynllunio* – gyda phwy fyddech chi eisiau bod? Beth hoffech chi ei wneud? Pa drefniadau ddylech chi eu gwneud ymlaen llaw?

Cam 3 *Disgwyliadau synhwyrol* – edrychwch eto ar eich atebion yng Ngham 2. Ydy'r nodau hynny'n synhwyrol? Peidiwch â disgwyl gormod. Eleni, beth am beidio â chael disgwyliadau mor uchel ynglŷn â'r hyn fyddwch chi'n ei wneud?

Cam 4 *Hel atgofion* – pa rai yw'ch hoff atgofion? Gyda phwy allwch chi eu rhannu?

Dewch i ni weld sut gynlluniodd Janet ar gyfer blwyddyn union ers marwolaeth ei gŵr.

Roedd hi'n gas gan Janet feddwl am flwyddyn union ers iddi golli ei gŵr. Roedd yn poeni am ei gallu i fynd trwy'r wythnosau cyn y dyddiad ac am y diwrnod ei hun. Trwy ateb y cwestiynau uchod, fe lwyddodd i feddwl am gynllun a fyddai, yn ei barn hi, yn ei gwneud hi'n haws wynebu'r diwrnod. Roedd yn cynnwys:

- gwahodd eu ffrindiau arbennig a'u teulu am ddiod ar yr union ddyddiad
- gofyn i bawb ysgrifennu atgof melys am ei gŵr mewn llyfr ymwelwyr
- gwneud copi mawr o hoff lun o'i gŵr a'i fframio, er mwyn ei arddangos.

Mae'n bwysig sylweddoli bod cynllunio nid yn unig yn rhoi mwy o ymdeimlad o reolaeth i chi, ond mae hefyd yn gyfle i chi roi sylw i'ch galar. Mae hel atgofion gydag eraill neu ar eich pen eich hun yn help i chi gadw'r cysylltiad â'r un sydd wedi marw. Mae hel atgofion yn eich helpu i gydnabod pwy oedd eich anwylyd a'r hyn roedd yn ei olygu i chi. Mae hefyd yn rhoi cyfleoedd i chi greu traddodiadau newydd i'w gofio, fel y gwnaeth Janet.

Does dim amser i baratoi ar gyfer y troeon cyntaf annisgwyl. Yn hytrach, mae'n help os gallwch chi siarad â chi'ch hun yn fuan ar ôl yr achlysur, i'ch atgoffa'ch hun ei bod yn iawn teimlo fel hyn, oherwydd bod troeon cyntaf gan amlaf yn cyd-fynd â'r tonnau sbardun y buom ni'n eu trafod yn Rhan 1. Hwyrach y bydd yn help i chi ddweud wrthych chi eich hun: 'Mae teimlo fel hyn yn hollol normal oherwydd bod [nodwch yr achlysur] wedi fy atgoffa o [enw'ch anwylyd] a faint rydw i'n ei golli/ei cholli.

Dwi'n gwybod y bydd y teimladau hyn yn lleddfu gydag amser. Rhan normal o batrwm tonnog galar yw hyn.'

Gair o gyngor

Pan fyddwch chi'n amau sut fyddwch chi'n ymdopi â sefyllfa, gwnewch gynllun.

10

Adeiladu eich llwybr newydd

Mae pobl yn aml yn dweud bod galaru'n dilyn patrwm 'dau gam ymlaen, un cam yn ôl'. Fel arfer mae'n frwydr rhwng gollwng gafael ar yr hen fywyd gyda'ch anwylyd a dechrau byw bywyd gwahanol ar eich pen eich hun. Mae'n frwydr y bydd yn rhaid ei hwynebu dro ar ôl tro. Ar y naill law, rydych chi'n gwybod bod angen i chi adeiladu bywyd newydd i chi'ch hun, ond ar y llaw arall dydych chi ddim am wneud hynny gan fod hyn yn golygu gollwng gafael ar y bywyd oedd gennych chi o'r blaen. Yn y pen draw, bydd yn rhaid i chi wneud penderfyniad pwrpasol i greu bywyd newydd neu wahanol er mwyn gallu symud ymlaen. Un elfen bwysig ynglŷn â'r penderfyniad hwn yw sylweddoli nad yw'n golygu anghofio na 'dod dros' farwolaeth y person. Yn hytrach, y bwriad yw dod o hyd i ffordd i wneud y cof am y person yn rhan o'ch bywyd fel y mae nawr, a fydd yn caniatáu i chi gynnal cysylltiad ag ef neu hi.

Cynnal cysylltiad

Unwaith y bydd sioc gychwynnol y farwolaeth wedi dechrau pylu a'ch bywyd yn dechrau dod yn ôl i rywbeth tebyg i'r hyn oedd o'r blaen, mae dechrau meddwl sut allwch chi ddatblygu cysylltiad newydd â'ch anwylyd yn syniad da. Mae hyn yn golygu meddwl sut allwch chi barhau i gael cysylltiad neu berthynas â'r un a fu farw ac yntau bellach ddim yma'n gorfforol. Gall hyn swnio'n rhyfedd, ond nid anghofio'ch anwylyd yw nod delio â'ch galar ond dysgu byw hebddo yn gorfforol yn eich bywyd. Fydd penderfynu sut beth fydd y cysylltiad newydd hwn – sy'n seiliedig ar atgofion ac etifeddiaeth erbyn hyn – ddim yn digwydd dros nos. Gall y cwestiynau canlynol fod o help i ddechrau'r broses.

- Pwy oedd ef neu hi i chi?
- Beth ddysgoch chi ganddo?
- Pa werthoedd ddysgodd y person i chi?
- Beth roedd yn ei garu am fywyd?
- Pa hanes roeddech chi'n ei rannu?
- Sut fyddai'n hoffi cael ei gofio?
- Beth fyddech chi'n ei ddweud wrtho nawr?
- Beth yw ei stori?

Yn aml mae pobl yn poeni y byddan nhw yn anghofio am eu hanwylyd gydag amser. Mae'n wir bod atgofion yn pylu wrth i amser fynd yn ei flaen, ond gallwch wneud nifer o bethau nawr a fydd yn help i gynnal cysylltiad.

- Adroddwch ei stori – ysgrifennwch ddyddiadur am ei fywyd.
- Gwnewch lyfr atgofion – gofynnwch i ffrindiau a theulu ysgrifennu rhywbeth am yr un sydd

wedi marw; rhowch luniau o'ch anwylyd drwy gydol ei fywyd yn y llyfr.

- Gwnewch gasgliad DVD o hen fideos cartref.
- Gwnewch restr o'i hoff gerddoriaeth.
- Ewch i ymweld â'i hoff fannau.
- Cyfrannwch at achos da i gofio amdano, neu cefnogwch un.
- Plannwch goeden.
- Dathlwch ben-blwydd y person.
- Plannwch ei hoff flodau bob blwyddyn.
- Gwnewch gopi mawr o lun arbennig ohono a'i fframio.
- Daliwch ati i rannu ei jôcs, ei storïau a'i hoff ymadroddion.
- Defnyddiwch ei enw wrth sôn amdano mewn sgwrs.
- Dechreuwch draddodiad teuluol newydd fydd yn ei gadw'n bresennol yn eich bywyd.

Bob blwyddyn dwi'n prynu addurn Nadolig hyfryd er cof am fy merch fach a fu farw'n dair oed wedi brwydr yn erbyn lewcemia. Byddaf yn meddwl pa oed fyddai hi wedi bod ac yn prynu rhywbeth addas i ferch o'r oedran hwnnw.

Jill, 44 oed

Eich llwybr newydd

Trwy wybod bod gennych chi gysylltiad o hyd
â'r un sydd wedi marw, mae'n haws penderfynu
gweithio ar adeiladu eich llwybr newydd. Unwaith
i chi wneud y penderfyniad hwn, mae angen i chi
ofalu bod eich disgwyliadau'n synhwyrol ynglŷn â
pha mor gyflym y gall hyn ddigwydd. Mae angen
i chi ddisgwyl baglu ar y dechrau ac y bydd y
llwybr weithiau'n anwastad ac yn cymryd amser
i'w adeiladu. Os ydych chi'n meddwl fel hyn, fydd
hi ddim yn sioc i chi os yw pethau'n mynd o chwith
weithiau.

Mae'r diagram yn help i esbonio pam mae adeiladu
llwybr newydd yn cymryd amser. Pan fyddwn yn
caru rhywun, does dim gwahaniaeth pa fath o
berthynas sydd rhyngom, mae gennym syniad i
ba gyfeiriad mae'r berthynas yn mynd. Gwaetha'r
modd, ar ôl y farwolaeth, mae fforch yn y llwybr.
Wrth y fforch, rydych yn cael eich gorfodi i gymryd
llwybr arall, nid yr un fyddech chi'n ei ddewis, ac
rydych yn ansicr beth sydd o'ch blaen. Nid yw'r
llwybr roeddech chi arno gyda'ch gilydd ar y
dechrau yn opsiwn bellach. Gan fod popeth mor
wahanol, cofiwch y bydd yn rhaid gwneud llawer
o newid ac addasu ar ran gyntaf y llwybr newydd.
Mae'n bwysig deall y byddwch yn debygol o brofi
anawsterau a buddugoliaethau ar y llwybr newydd
hwn. Bydd y llwybr yn debyg i'ch galar – yn dilyn
patrwm tonnog gyda diwrnodau da a drwg, a
thonnau sbardun yn dod yn hollol annisgwyl.

Ymhen amser, byddwch yn cyfarwyddo â'r llwybr newydd hwn ac yn teimlo'n hollol normal wrth ddod i arfer â gwneud pethau'n wahanol.

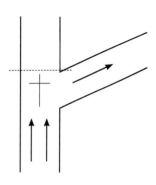

Gair neu ddau o gyngor

Wynebu'r gwirionedd ynglŷn ag adeiladu'ch llwybr newydd

- Byddwch yn gorfod rhoi sawl cynnig arni.

- Bydd anawsterau a buddugoliaethau.

- Disgwyliwch i'ch cynnydd fod yn araf.

- Ar y dechrau, bydd eich cynnydd yn cymryd 'dau gam ymlaen, un cam yn ôl'.

Mae creu bywyd newydd ar ôl i rywun sy'n annwyl i chi farw yn gryn her, yn enwedig ar y dechrau, pan fyddwch yn teimlo'ch galar i'r byw. Gall meddwl am wneud hyn yn rhy fuan fod yn llethol. Dyna pam mae gweithwyr iechyd proffesiynol yn annog y rhai sy'n galaru i gymryd un dydd ar y tro ar y dechrau, ac i beidio â gwneud penderfyniadau pwysig na fyddan nhw efallai'n gallu eu dad-wneud, yn ystod y flwyddyn gyntaf ar ôl y farwolaeth. Mae'r canllawiau cyffredinol ynglŷn â chreu bywyd gwahanol i chi'ch hun yn cynnwys:

- creu system gymorth
- rhoi cynnig ar bethau newydd
- gofyn 'beth fyddai f'anwylyd yn ei ddymuno i fi?'
- gosod nodau tymor byr
- ailarchwilio'ch hunaniaeth.

Creu system gymorth

Yn union fel roedd angen cymorth pobl arnoch yn fuan ar ôl y farwolaeth, bydd yr un peth yn wir pan fyddwch yn dechrau adeiladu'ch llwybr newydd. Efallai fod gennych chi gymorth da eisoes gan y rhai a oedd yno ar y dechrau gyda chi, ond mae'n bosib y byddwch hefyd yn gweld bod eich anghenion yn newid wrth i amser fynd ymlaen a bod angen mathau eraill o gymorth arnoch chi, yn ogystal â chefnogaeth y grŵp craidd hwn. Mae rhai pobl yn gweld eu bod bellach eisiau bod o gwmpas pobl a fydd yn eu cymell i roi cynnig ar bethau gwahanol ac yn hollol gysurus yn eu gweld yn gwneud hynny. Mae'n bwysig amgylchynu'ch hun â phobl rydych yn mwynhau eu cwmni ac yn credu eu bod nhw'n gweithredu er eich lles chi yn bennaf, a phobl rydych chi'n gallu ymlacio yn eu cwmni. Os bydd rhai o'ch 'cynorthwywyr' yn feirniadol neu'n negyddol ynglŷn â'ch newidiadau, bydd angen i chi ddod o hyd i gymorth o rywle arall.

Gair o gyngor

Creu system gymorth

- Cymysgwch â ffrindiau rydych yn gysurus yn eu cwmni.
- Darllenwch lyfrau hunangymorth neu gwyliwch DVD hunangymorth ar alar.
- Ymunwch â grŵp cymorth mewn galar – naill ai'n lleol neu ar-lein.
- Ewch i weld cynghorwr ar alar.
- Mynychwch grŵp eglwysig neu grefyddol.
- Ymunwch â grŵp sy'n berthnasol i'ch colled chi. Er enghraifft, grŵp i weddwon, i oroeswyr hunanladdiad, neu i rieni sydd wedi colli plant.

Rhoi cynnig ar bethau newydd

Bydd y rhan fwyaf o bobl yn gweld bod eu llwybr gwahanol yn cynnwys pethau newydd yn ogystal â rhai o'r pethau oedd yn rhan o'u hen fywyd. Efallai y byddwch am fynd ar drywydd diddordebau newydd, ond bydd eraill yn datblygu gydag amser. Os ydych chi'n ansicr ble i ddechrau, meddyliwch am weithgareddau neu hobïau rydych wedi'u mwynhau yn y gorffennol.

Gair o gyngor

Rhowch gynnig ar bethau newydd

- Byddwch yn barod i roi cynnig ar bethau newydd.

- Chwiliwch am gyfleoedd i roi cynnig ar bethau newydd.

- Pan fyddwch yn ceisio gwneud rhywbeth am y tro cyntaf, rhowch gynnig arno o leiaf ddwywaith cyn penderfynu nad yw'n addas i chi.

- Byddwch yn ymwybodol o'r hyn rydych chi'n ei ddweud wrthych eich hun. Dywedwch wrthych eich hun y bydd popeth newydd yn teimlo'n rhyfedd ar y dechrau.

- Dechreuwch gyda beth bynnag sydd hawsaf gyntaf ac yn raddol, gwnewch bethau sy'n fwy anodd.

- Gofynnwch i ffrind fynd gyda chi'r tro cyntaf os ydych chi'n teimlo'n nerfus neu'n lletchwith ynglŷn â mynd ar eich pen eich hun.
- Weithiau, gwnewch bethau'n ddigymell.
- Rhowch gynnig ar bethau rhad fel na fydd y gost yn rhwystr i chi ddal ati.

Ymarfer: Rhoi cynnig ar bethau newydd

- Beth fyddech chi'n hoffi ei wneud?
- Beth rydych chi wedi bod eisiau rhoi cynnig arno erioed?
- A oes gennych ddiddordeb mewn unrhyw fudiadau?
- Beth fyddai'ch anwylyd wedi awgrymu i chi roi cynnig arno?
- Beth fyddai'r peth hawsaf i chi roi cynnig arno gyntaf?

Ydych chi'n cofio Cadi yn Rhan 1? Ar ôl i'w gŵr farw roedd hi'n teimlo ar goll, heb syniad ble i ddechrau adeiladu ei bywyd newydd. Un gweithgaredd roedd hi wedi'i fwynhau erioed oedd cerdded. Ar ôl i Cadi gwblhau'r ymarfer uchod, penderfynodd ymuno â chlwb cerdded lleol gyda ffrind a oedd wedi cael ysgariad. Roedd Cadi bob amser wedi mwynhau bod yn yr awyr agored ac roedd hi'n teimlo bod mynd yno'n haws gyda ffrind nag ar ei phen ei hun. Gwnaeth ffrindiau newydd a gan ei bod yn awyddus i deithio, roedd yn falch pan ddeallodd fod y clwb yn trefnu tripiau rheolaidd i ddarganfod rhannau eraill o'r wlad.

Gofynnwch 'beth fyddai f'anwylyd yn ei ddymuno i fi?'

Ym mhob agwedd ar alar, bydd gofyn beth fyddai eich anwylyd yn ei ddymuno i chi yn eich helpu i ganolbwyntio ar eich dyfodol. O ran adeiladu llwybr newydd, meddyliwch beth fyddai ei gyngor petai yno'n eistedd wrth eich ymyl chi nawr. Byddai'r rhan fwyaf yn dweud eu bod yn credu y byddai am iddyn nhw fod yn hapus. Efallai i chi sôn am fywyd y naill heb y llall. Beth wnaethoch chi ei drafod? Pe bai pethau wedi digwydd yn groes, beth fyddech chi wedi'i awgrymu iddo? Er mor anodd y gall pethau ymddangos, mae symud ymlaen yn golygu rhoi cynnig ar rai pethau newydd sydd yn anodd eu hystyried ar y dechrau.

Gosod nodau tymor byr

Unwaith i chi ddechrau rhoi cynnig ar bethau newydd, mae'n bosib y byddwch am osod rhai nodau i weld beth allwch chi ei gyflawni yn yr ychydig fisoedd nesaf. Dechreuwch gyda'r tymor byr a gofalwch fod eich nodau'n synhwyrol ac yn hyblyg. A oes yna bethau yr hoffech chi eu gwneud fyddai'n rhoi ymdeimlad o bwrpas i chi?

Ymarfer: Gosod nodau

1. Pa nodau hoffech chi eu cyflawni yn y chwe mis nesaf? Byddwch yn benodol. Edrychwch drwy'r rhestr ganlynol i gael rhai syniadau.

- Iechyd a ffitrwydd
- Hobïau a gweithgareddau hamdden
- Cyfeillgarwch
- Teulu – plant a theulu estynedig
- Cynllunio ariannol
- Gyrfa neu addysg
- Gwyliau
- Gwasanaeth cymunedol/gwaith gwirfoddol
- _____
- _____

2. Beth sy'n rhaid i chi ei wneud i gyflawni eich nodau? Byddwch yn benodol a rhannwch bob un yn gamau llai.

- _____
- _____

Wrth i chi gyflawni'ch nodau, daliwch ati i osod rhai newydd.

Rhai o atebion Alys (gweler tudalen 35)

1. Nodau:

- *Ymweld â Pharis*
- *Gwarchod fy wyrion yn rheolaidd*

2. Gweithredu:

- *Chwilio ar y rhyngrwyd am lefydd i ymweld â nhw; casglu taflenni am deithiau gan yr asiant teithio lleol; penderfynu pa adeg o'r flwyddyn sydd orau ac archebu tocyn.*
- *Gofyn pa adegau fyddai'n siwtio Jen er mwyn i mi warchod y plant; ystyried faint fydd fy ymrwymiad – diwrnod yr wythnos, fwy na thebyg; awgrymu ein bod yn rhoi cynnig ar y trefniant am dri mis.*

Trwy osod nodau fel hyn, roedd Alys yn gallu mynd i Baris a gwneud rhai o'r pethau roedd hi wedi bwriadu eu gwneud gyda'i gŵr ar ôl iddyn nhw ymddeol. Ac fe ymrwymodd i warchod ei hwyrion yn rheolaidd. Er nad oedd ei bywyd wedi dilyn y trywydd roedd hi wedi ei ddisgwyl, roedd hi'n dal i gael boddhad ac yn gallu llawenhau.

Meddyliwch am eich hunaniaeth o'r newydd

Ar ôl i glwyf agored eich galar ddechrau gwella ryw fymryn ac ichi gau pen y mwdwl ar y rhan fwyaf o'r gwaith gweinyddol, mae'n bosib y byddwch yn dechrau meddwl fwyfwy am eich hunaniaeth a sut mae marwolaeth eich anwylyd wedi effeithio arni. Mae hyn yn arbennig o berthnasol os yw'ch cymar neu'ch plentyn wedi marw, oherwydd bod cysylltiad agos rhwng eich hunaniaeth a'ch rôl o fewn eich teulu ac unrhyw rôl arall sy'n perthyn i chi. Y cyngor gorau yw neilltuo amser i feddwl o ddifri am eich hunaniaeth o'r newydd a'r hyn y mae'n ei olygu i chi. Mae'n broses sy'n datblygu gydag amser ac yn aml yn gofyn am eich gweld eich hun mewn ffordd wahanol.

> 'Roedd Ieuan a fi'n briod ers 38 o flynyddoedd. Ar ôl iddo farw, roeddwn i'n cael trafferth gyda'r gair "gweddw" oherwydd 'mod i bob amser wedi mwynhau bod yn "wraig" i Ieuan ac yn rhan o gwpwl. Tua deunaw mis ar ôl iddo farw, dyma fi'n dechrau meddwl pwy oeddwn i nawr – pwy oedd Teleri. Roeddwn i'n gwybod bod yn rhaid i rywbeth newid. Dechreuais ddweud wrthyf fy hun y byddwn i bob amser yn wraig i Ieuan, ond bod rhaid i mi ganiatáu i fi fy hun fwynhau fy mywyd fel menyw sengl. Dwi ddim yn credu y prioda i byth eto, ond byddwn yn hoffi gallu mynd

> *allan ac, o bosib, fynd ar ambell ddêt – dwi'n*
> *gwybod y byddai Ieuan am i fi wneud hyn.'*
>
> *Teleri, 61 oed*

Ymarfer: Meddwl am eich hunaniaeth o'r newydd

1. Sut ydych chi'n diffinio 'hunaniaeth'?
2. Pa agweddau neu elfennau sy'n eich gwneud chi yr hyn ydych chi? Ystyriwch eich rhyw, eich rolau gwahanol, eich cefndir diwylliannol ac yn y blaen.

Tynnwch lun cylch i gynrychioli siart cylch. Am bob agwedd sydd ar eich rhestr yn rhif 2, meddyliwch faint fyddai ei rhan yn y siart. Labelwch rannau'ch siart.

3. Beth sy'n digwydd i'ch hunaniaeth pan mae'ch anwylyd yn marw? Beth yw effaith hyn ar eich cylch?
4. Pa agweddau ar eich bywyd rydych chi am eu meithrin? A oes agweddau newydd fyddech chi am eu hychwanegu at eich siart?

Gair i gloi

Os ydych wedi gweithio drwy'r llyfr hwn, mae'n bosib eich bod yn dal i deimlo bod ffordd faith o'ch blaen eto. Mae hynny'n hollol normal. Eich her chi nawr yw dal ati i weithio ar eich llwybr newydd, i greu'r un gorau posib, hyd yn oed os ydych yn dymuno bod ar eich llwybr gwreiddiol. Efallai y bydd edrych eto ar y strategaethau a'r ymarferion sy'n cael eu hamlinellu yn y llyfr hwn yn eich helpu o dro i dro. Fe allan nhw fod o gymorth i chi mewn ffyrdd gwahanol ar adegau gwahanol. Yn olaf, mae'n bwysig bod yn obeithiol wrth i chi feddwl am gyfeiriad eich bywyd a'ch atgoffa chi'ch hun nad yw symud ymlaen yn golygu anghofio'ch anwylyd.

Pethau eraill a allai helpu

Mae'r llyfr hwn wedi rhoi ychydig o wybodaeth sylfaenol i chi ynglŷn â delio â galar a beth allai fod o help. Bydd rhai pobl yn teimlo mai dyna'r cwbl sydd ei angen arnyn nhw i deimlo'n fwy abl i ddelio â'u colled. Bydd eraill yn teimlo bod angen ychydig yn rhagor o wybodaeth a help arnyn nhw. Mae llyfrau hunangymorth yn lle da i ddechrau ac mae rhestr o rai sy'n cael eu cymeradwyo isod. Mae'r llyfr hwn yn seiliedig ar *Overcoming Grief*, sy'n cyflwyno golwg ddyfnach ar alar a rhai strategaethau ychwanegol. Ar y llaw arall, efallai y byddai'n well gennych chi fynychu grŵp cymorth neu ofyn am weld cynghorwr. Os oes eisiau help proffesiynol arnoch chi, ewch i weld therapydd, cynghorwr neu seicolegydd sydd â phrofiad o ddelio â galar.

I ddod o hyd i weithiwr proffesiynol addas:

- gofynnwch i'ch meddyg teulu eich atgyfeirio at gynghorwr neu therapydd cymwysedig sy'n delio â galar
- cysylltwch â'ch sefydliad hosbis cenedlaethol i ddod o hyd i hosbis yn eich ardal chi sy'n cynnig cymorth mewn galar
- cysylltwch â chymdeithas seicoleg genedlaethol am restr o'r seicolegwyr rhestredig yn eich ardal chi

- gofynnwch i'ch ffrindiau, eich teulu, neu rywun o'ch grŵp crefyddol awgrymu therapydd cymwys.

Rydym hefyd yn cymeradwyo'r llyfrau hunangymorth canlynol:

Grieving: how to go on living when someone you love dies gan T. A. Rando, cyhoeddwyd gan Bantam Books (1991)

Helping bereaved parents: a clinician's guide gan R. Tedeschi ac L. Calhoun, cyhoeddwyd gan Brunner-Routledge (2004)

Helping children cope with death, cyhoeddwyd gan The Dougy Center for Grieving Children (2004)

No time for goodbyes: coping with sorrow, anger and injustice after a tragic death gan J. Lord, cyhoeddwyd gan Millennium Books (1987)

Overcoming grief: a self-help guide using cognitive behavioural techniques gan S. Morris, cyhoeddwyd gan Robinson (2008).

Widow to widow: thoughtful, practical ideas for rebuilding your life gan G. D. Ginsburg, cyhoeddwyd gan Da Capo Press (1997)

Mae'r canlynol yn darparu gwybodaeth am alar a sut i gael cymorth proffesiynol.

British Association for Counselling and Psychotherapy
Ffôn: 01455 883300
E-bost: bacp@bacp.co.uk
Gwefan: www.bacp.co.uk

British Psychological Society
Ffôn: 0116 254 9568
E-bost: enquiries@bps.org.uk
Gwefan: www.bps.org.uk

Cruse Bereavement Care
Llinell gymorth: 0808 808 1677
E-bost: wales.cymru@cruse.org.uk
Gwefan: www.cruse.org.uk/wales

Y Samariaid
Llinell gymorth 24 awr, am ddim yn y Deyrnas Unedig ac Iwerddon: 116123
Llinell gymorth Gymraeg am ddim: 0808 164 0123 (oriau penodol, gweler y wefan)
E-bost: jo@samaritans.org
Gwefan: www.samaritans.org/cymru

THE
IMPR⟲VEMENT
ZONE

Ydych chi'n chwilio am ysbrydoliaeth i'ch bywyd?

Mae'r cyfan yn The Improvement Zone, o **gyngor arbenigol** ar hyrwyddo'ch **gyrfa** a hybu'ch **busnes**, i wella'ch **perthnasoedd**, adfywio'ch iechyd a datblygu'ch **meddwl**.

Beth bynnag yw'ch nod, ewch i'n gwefan nawr.

www.improvementzone.co.uk

YSBRYDOLIAETH – UNRHYW LE, UNRHYW BRYD

YSBRYDOLIAETH YN SYTH I'CH MEWNFLWCH